Schichtwechsel! Barkassen im Reiherstieg.

Die Autoren

Harry Braun, Jahrgang 1931, ist gelernter Ewerführer und fuhr nach dem Erwerb der Elbpatente auf Barkassen und Schleppern. Später ging er zur Hamburger Feuerwehr und fuhr 30 Jahre auf Feuerlöschbooten.

Klaus Rahn, Jahrgang 1936, absolvierte eine Ausbildung zum Decksmann im Hamburger Hafen und erwarb diverse Patente (Maschinenpatent C1, Oberelbe-, Hafen- und Unterelbe-Patent). Er arbeitete lange Zeit in der Bergung, als Matrose auf großer Fahrt, als Schiffsführer und schließlich als Personalinspektor.

Dorothée Engel, Jahrgang 1960, arbeitete 20 Jahre als Lektorin bzw. Verlagsleiterin bei Verlagen in der Schweiz und in Deutschland. Im Jahr 2005 machte sie sich mit dem Hamburger Buchkontor selbstständig. Seither arbeitet sie als Literaturagentin, freie Lektorin und Herausgeberin.

Harry Braun und Klaus Rahn

Der Hamburger Hafen

Eine Zeitreise in Bildern

Das Foto aus den 1940er-Jahren zeigt das schmale Deichstraßenfleet, das nach dem Zweiten Weltkrieg mit den Trümmern seiner Speicher zugeschüttet wurde. Das Fleet war – ein Kuriosum im Hamburger Hafen – mit einem Tor verschlossen, um die Speicher vor Einbrechern zu schützen. Die Ewerführer mussten sich einen an der Großkellerschleuse deponierten Schlüssel abholen, wollten sie Ladung anliefern oder abholen.

Harry Braun und Klaus Rahn

Der Hamburger Hafen

Eine Zeitreise in Bildern

Herausgegeben von Dorothée Engel

SUTTON

Die Sachverständigen.

Impressum

Sutton Verlag GmbH
Hochheimer Straße 59
99094 Erfurt
www.suttonverlag.de
Copyright © Sutton Verlag, 2014
Gestaltung und Herstellung: Markus Drapatz
Bildauswahl, Konzeption und Lektorat: Hamburger Buchkontor – Dorothée Engel; Sutton Verlag – Arlett Günther
Druck: Florjančič Tisk d.o.o. / Slowenien
Dieses Buch wurde durch das Hamburger Buchkontor vermittelt: www.hamburger-buchkontor.de
ISBN: 978-3-95400-372-3

Inhaltsverzeichnis

Ein Wort vorweg

Den konventionellen Stückguthafen Hamburg mit seinen vielen kleinen Firmen und den unterschiedlichsten Berufen gibt es in dieser Form nicht mehr. In dem großen Gebiet des Freihafens wurden Hafenbecken zugeschüttet und Kaianlagen abgebrochen. Auch viele Gerätschaften existieren nicht mehr – heute prägen die Containerbrücken das Bild des Hafens. Im Binnenhafen und seinen Fleeten ist nur noch wenig von den Ursprüngen des Hafens zu erkennen.

Wir haben den „alten“ Hafen noch erlebt, haben dort viele Jahre gearbeitet – als Decksmann, Ewerführer und als Schiffsführer auf Schleppern und Barkassen. Mit diesem Buch möchten wir die Erinnerung an unseren alten Hafen wach halten und Sie für die Geschichte des Hamburger Hafens begeistern.

Ein besonderer Dank geht an unsere Lektorin Dorothée Engel vom Hamburger Buchkontor, die selbst bei den schwierigsten Beschreibungen und Fachausdrücken nicht die Geduld mit uns verloren hat, und Elke Rahn, ohne deren Engagement dieses Buch nicht möglich gewesen wäre.

Hamburg, im Juli 2008
Klaus Rahn und Harry Braun

Vom Baumwall aus betrachten Hamburger „Buttjes“ die „Cap Arcona“ – wohl mit etwas Fernweh.

Hamburg gilt als „Tor zur Welt". Diesen Ruf verdankt die Hansestadt den Grafen von Schauenburg. Sie suchten eine Residenz mit direkter Zufahrt zur Nordsee. Dem großen Einfluss der Erzbischöfe von Hamburg-Bremen wollten sie entsprechend große weltliche Macht entgegensetzen. So riefen sie Kaufleute, Handwerker und Schiffer in den Norden, um die Neustadt von Hamburg zu gründen – direkt neben der erzbischöflichen Altstadt, nur durch die Alster getrennt. Die Siedler bauten den Ablauf der Alster in die Elbe zum Binnenhafen aus und erhielten 1188 Stadtrechte. (Dieser ehemalige Alsterhafen wurde 1916 in Nikolaifleet umbenannt.) Zu Beginn des 13. Jahrhunderts schlossen sich die Bürger der Altstadt und der Neustadt zusammen und wurden von einem gemeinsamen Rat regiert. Brücken überquerten das Hafenfleet und ins Wasser hinabgelassene Baumstämme schützten Hamburgs Binnenhafen vor nächtlichen Eindringlingen. Die Koggen und Kraweelen lagen auf der Reede in der Elbe.

Die Kaufleute von Hamburg benötigten nun eins: vom Kaiser garantierte Zollfreiheit. Kurz vor seinem Aufbruch zum Kreuzzug ins Heilige Land ließ Kaiser Friedrich Barbarossa eine formlose Notiz verfassen, die der Stadt die Zollfreiheit „vom Meer bis in die Stadt" garantierte. Um dieser am 7. Mai 1189 ausgestellten Urkunde Wirkungskraft zu verleihen, hängten die Hamburger später gefälschte Siegel an und kamen von Stund an gut damit zurecht.

Entscheidend für die weitere rasche Entwicklung des Hafens war der Beitritt der Stadt zum Handelsbund der Hanse im 14. Jahrhundert. Im Gegensatz zu anderen Hansestädten wie beispielsweise Lübeck orientierte sich Hamburg aufgrund seiner Lage nach Westen. Es entstanden Handelsniederlassungen in Brügge, Amsterdam, London, Bergen und im deutschen Hinterland.

Die Stadt wuchs sehr schnell. Die Alster wurde durch Dämme aufgestaut, wodurch Binnen- und Außenalster entstanden. Hier gab es viele Mühlen, die die Kraft des Wassers nutzten. Durch den Englandhandel im 16. Jahrhundert erhielt der Hafen weiteren Auftrieb. Doch erst durch die Verbindungen nach Amerika begann die rasante Entwicklung des Hafens gegen Ende des 18. Jahrhunderts. 150 Schiffe waren 1788 im Hamburger Hafen beheimatet, zehn Jahre später waren es bereits 280.

1862 begann der Wasserbaudirektor Johannes Dalmann mit der Planung eines modernen Tidehafens und baute in den darauffolgenden Jahren an beiden Ufern der Elbe Kaianlagen und Schuppen. Wenige Jahre später – 1877 – nahm die Werft Blohm & Voss ihre Arbeit auf.

Der Freihafen und die Speicherstadt, die noch heute der größte zusammenhängende Lagerhauskomplex der Welt ist, entstanden zwischen 1881 und 1912. Kaiser Wilhelm II. persönlich weihte am 29. Oktober 1888 den ersten Bauabschnitt der Speicherstadt ein: „Zur Ehre Gottes, zum Besten des Reichs, zu Hamburgs Wohl."

Ebenfalls im Jahr 1888 wurde der Segelschiffhafen eröffnet: mit den Schuppen 34 bis 37 am Asiakai, den Schuppen 38 bis 41 am Amerikakai und dem Amsinckkai mit dem Schuppen 48. Darüber hinaus verfügte der Segelschiffhafen zusätzlich auf einer Länge von 3.900 Metern über zahlreiche Liegeplätze für Seeschiffe an Dalben.

1913 erreichte die Einwohnerzahl Hamburgs die Millionengrenze. Der Hafen war mittlerweile der bedeutendste des europäischen Festlandes und nach London und New York der drittgrößte der Welt. Das Ladungsaufkommen der Binnenschifffahrt betrug im Jahr 1913 ankommend 5.382.000 Tonnen und abgehend 7.248.000 Tonnen.

Ab den 1920er-Jahren prägten die Dampfschiffe das Bild des Hafens. Mit der Industrialisierung stiegen die Ansprüche der Schifffahrt. Damit auf See eine genaue Ortsbestimmung möglich war, mussten die Bordchronometer exakt funktionieren und dementsprechend gestellt werden können. Im Hamburger Hafen hatte man daher einen Zeitball errichtet, der sich auf dem markanten Turm des damaligen Kaispeichers A befand. Der Kaispeicher A war früher neben dem Michel das Wahrzeichen Hamburgs. Er wurde 1875 als „Kaiserspeicher" zwischen dem Sandtor- und dem Graasbrookhafen auf dem Kaiserhöft gebaut. Obwohl er nicht auf der Kehrwiederspitze stand, nannten ihn die Menschen an der Küste „Kehrwieder". Jeden Mittag, pünktlich um 11.50 Uhr, wurde ein schwarzer Signalball von einem Meter Durchmesser halb hochgezogen. Um 11.57 Uhr stieg der Ball vollständig am Signalgerüst des Turmes auf. Um 12 Uhr nach Greenwich-Zeit glitt der Signalball an einer Führung drei Meter in die Tiefe. So war es den Kapitänen auf den im Hafen liegenden Schiffen möglich, die Genauigkeit ihrer für die Navigation wichtigen Bordchronometer zu kontrollieren. Die Anlage wurde von der Sternwarte am Millerntor elektrisch per Taste gesteuert. Ab 1899 erfolgte die Steuerung durch elektrische Kontakte an einer Pendeluhr – mit einer Ganggenauigkeit von einer Zehntelsekunde. 1934 wurde die Zeitballanlage außer Dienst gestellt. Der im Zweiten Weltkrieg beschädigte Kaispeicher wurde 1963 zum Bedauern vieler Hamburger gesprengt, um für einen modernen Kaispeicher A Platz zu machen. Dieser wurde 1965 in Betrieb genommen. An dieser Stelle entsteht heute die Elbphilharmonie.

Zu den großen Attraktionen im Hafen gehörten die Stapelläufe. Eines dieser Großereignisse war der Stapellauf des Lloyd-Passagierdampfers „Europa" bei Blohm & Voss am 15. August 1928. Tausende waren gekommen, um sich das Spektakel anzusehen. Die Besatzungen der Barkassen und Schleppdampfer waren von den „Sehleuten" allerdings nicht allzu sehr begeistert. Die Unfallgefahr war hoch, denn die Landratten kletterten wagemutig herum. Vor allem aber bereitete ihnen das „Schanferen" (Beschädigen) der lackierten Aufbauten ihrer Schiffe durch die Straßenschuhe Sorgen. Der Stapellauf verlief tatsächlich nicht ganz ohne Zwischenfälle. Beim Ablauf vom Bauhelgen lief die „Europa" auf den Schleppdampfer „Stade" auf. Ältere Schiffsführer erzählen, dass die „Stade" absichtlich vor das Heck der „Europa" gefahren sei, um das über Steuer (rückwärts) laufende Schiff vor den zahlreichen Barkassen und Schleppern zu stoppen. Verletzte gab es zum Glück nicht. Auf ihrer Jungfernfahrt von Bremerhaven nach New York nahm die „Europa" mit einer Durchschnittsgeschwindigkeit von 27,91 Knoten ihrem Schwesterschiff „Bremen" übrigens das Blaue Band ab.

Zehn Jahre nach diesem legendären Stapellauf – 1938 – boomte der Hafen. Täglich pendelten 75.000 Menschen zu Fuß, mit dem Rad, auf einem der 70 Fährschiffe der HADAG oder auf einer der 500 Barkassen zu ihren Arbeitsplätzen. Sie arbeiteten als Hafen- und Werftarbeiter oder als Angestellte. Sie fuhren auf Schuten, Getreidehebern, diversen Kranen und Leichtern und arbeiteten auf den zahlreichen Kaianlagen.

Der Zweite Weltkrieg brachte auch für den Hamburger Hafen einen herben Rückschlag. 80 % der Anlagen wurden zerstört. Nach Ende des Krieges widmete man sich intensiv dem Wiederaufbau. 1953 hatte die Stadt umgerechnet 115 Millionen Euro investiert. Schon 1955 war das Jahresumschlagsvolumen der Vorkriegszeit wieder aufgeholt.

Am 25. Juli 1953, also lediglich acht Jahre nach Kriegsende, lief der damals größte Tanker der Welt auf der Howaldtswerke AG vom Stapel: die „Tina Onassis". Die Werft hatte ihre Tore geöffnet und auf den Kaimauern und Höften standen mehr als 100.000 Hamburger, um das Großereignis mitzuerleben. Beim Nachmittagshochwasser um 15.37 Uhr rauschte die „Tina Onassis" ins Wasser. „Nach einer tiefen Verbeugung schwamm der Riese", schrieb damals das „Hamburger Abendblatt". Der Tanker war für damalige Verhältnisse tatsächlich ein Riese: 220,5 Meter lang, 29 Meter breit, 25.010 Bruttoregistertonnen und 45.242 Tonnen Tragfähigkeit. Eine Getriebeturbine mit 17.500 PSw (Leistung an der Welle gemessen) sorgte für eine Geschwindigkeit von 17 Knoten.

In den folgenden Jahren machte die Industrialisierung des Hafens große Fortschritte. Sackkarren wurden durch Gabelstapler ersetzt und viele Männer, die zuvor in den traditionellen Hafenberufen gearbeitet hatten, wurden nicht mehr benötigt. Was früher der Quartiers- oder Tallymann war, sind heute die Fachkräfte für Hafenlogistik und die ehemaligen Schauerleute arbeiten als qualifizierte Hafenarbeiter. Die meisten der Hafenarbeiter sind heute in den Bereichen Lagerung und Logistik beschäftigt. 1966 begann der „Umschlag von Stückgütern in genormten Stahlboxen": das Containerzeitalter. Die Hamburger Hafen- und Lagerhaus-Aktiengesellschaft (HHLA) erkannte das Potenzial dieser neuen Umschlagmethode sofort und installierte spezielle Containerbrücken. 1968 wurde das erste Vollcontainerschiff mit ihnen abgefertigt.

Heute werden 60 % aller Güter im Hamburger Hafen in Containern umgeschlagen. 2002 wurde der zurzeit modernste Containerterminal der Welt in Altenwerder in Betrieb genommen.

Der Hamburger Hafen ist heute nach Rotterdam der zweitgrößte Seehafen Europas und gehört zu den acht größten Containerhäfen der Welt. 2013 wurden in der Hansestadt

Das Nikolaifleet Anfang des 20. Jahrhunderts.

knapp 9,3 Millionen TEU (Standardcontainer) umgeschlagen. Der Seegüterumschlag wuchs um 6,2 Prozent auf 139 Millionen Tonnen. Das „Tor zur Welt" ist größer geworden und vor allem schneller.

Harry Braun und Klaus Rahn blicken zurück: vom Ende des 19. Jahrhunderts auf die folgenden 100 Jahre, als sich das Gesicht des Hamburger Hafens im Zuge der Industrialisierung grundlegend veränderte. Viele Berufsbilder, Schiffstypen und Gerätschaften gibt es heute nicht mehr. Von ihnen erzählt dieses Buch. Ein bemerkenswerter Bildband, dessen außergewöhnliche Fotos den Hamburger Hafen von damals wieder lebendig werden lassen.

Dorothée Engel

STOCKHOLM

Der Kaispeicher A in den 1930er-Jahren. Rechts erkennt man den Dreischornsteiner „Cap Arcona“, das Flaggschiff der Hamburg-Südamerikanischen Dampfschiffahrts-Gesellschaft. Im Vordergrund fährt der Schleppdampfer „Stockholm“.

Auch um die Wende zum 20. Jahrhundert gehörte eine Hafenrundfahrt zu den Attraktionen der Hansestadt. Die Passagiere auf den Rundfahrtdampfern – auf der Postkarte ist die „Billwaerder" zu sehen – erlebten hautnah das bunte Treiben im Hafen. Im Hintergrund erkennt man das im Zweiten Weltkrieg von einer Fliegerbombe zerstörte Fährhaus an der Ecke Bei den Landungsbrücken/Helgoländer Allee.

Der Schleppdampfer „Erna“, ausgerüstet mit Spritzwasserschutz („Relingskleidje“) und Sonnensegel, liegt am Ponton „Hafenthor“ klar zur Abfahrt durch den Hafen. Das „Hafenthor“ wurde 1955 neu gestaltet, als die St.-Pauli-Landungsbrücken erneuert wurden, und in seiner Schreibweise der aktuellen Rechtschreibung angepasst: Hafentor. Die Postkarte entstand 1921.

Der Segelschiffhafen um 1925. Die Dampfschiffe haben die großen Rahsegler verdrängt. Noch ist von der bevorstehenden Weltwirtschaftskrise nichts zu spüren, doch gegenüber dem Rekordjahr 1913 ist das Ladungsaufkommen deutlich zurückgegangen.

◄ Der Segelschiffhafen um 1913. Der Lösch- und Ladebetrieb wurde überwiegend mit Oberländer Kähnen abgewickelt. Im Vordergrund erkennt man den Schleppdampfer „Siegfried“ mit einem Oberländer Kahn auf dem Haken.

Die „Europa“ ist auf den Schleppdampfer „Stade“ aufgelaufen.

JONNY
HEINRICH
TRANSPORT

Die „Stade“: Verschanzung und Schornstein sind nach der Kollision mit der „Europa“ eingedrückt.

Die „Tina Onassis“ wird nach dem Stapellauf von den Schleppdampfern „Maakenwärder“, „Jan“ und „Brunshausen“ an den Sägereikai bugsiert.

◂ Das Bild zeigt Baumwall, Roosenbrücke und Vorsetzen noch ohne Flutschutz und Promenade. Die Schauerleute auf den Schleppdampfern und Barkassen warten darauf, zu den Seeschiffen gebracht zu werden, auf denen sie arbeiten sollen. In der Mitte ist der Schleppdampfer „Christoph“ mit der Kontorflagge der Getreideheber Gesellschaft (GHG) im Schornstein zu sehen. Er wurde am 6. September 1927 auf der Werft H.C. Stülcken Sohn mit der Baunummer 637 in Dienst gestellt. 1961 wurde er zum Motorschlepper umgebaut. Nach mehrmaligen Verkäufen war er zuletzt in Privatbesitz und wurde 2008 in Hamburg verschrottet.

WINDSFALL
STFALI CHES K

Blick von der Hochbahn am Baumwall auf den Hafen, 1913.

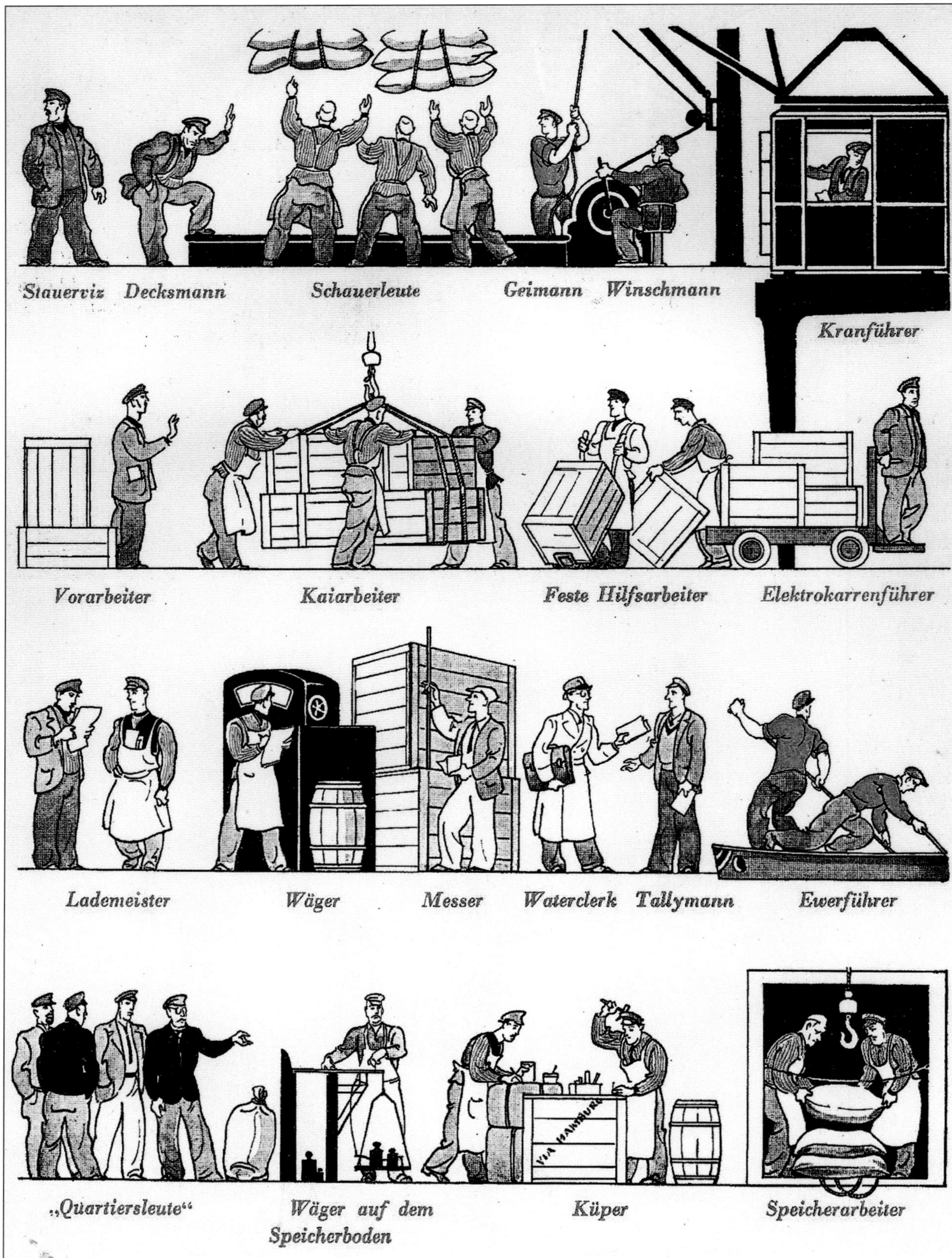

Zeichnung von 1938.

Zu den zahlreichen Berufsbildern im Hamburger Hafen gehörte auch das der Schauerleute. Als Schauerleute bezeichnete man jene Hafenarbeiter, die für das Be- und Entladen der Frachtschiffe verantwortlich waren. Ohne sie lief im Hamburger Hafen gar nichts. Mehrere Zehntausend teilten sich jeden Tag die anstrengende Arbeit. Viele wurden auf der Straße angeheuert, andere arbeiteten für einen der Stauereibetriebe im Hafen.

Der Tag begann sehr früh, denn spätestens um sechs Uhr musste man sich am „Stall" einfinden – der Nachweisstelle in der Admiralitätsstraße – und registrieren lassen. Dann wurde der Arbeitsplatz zugeteilt. Jeden Tag ein anderes Schiff, jeden Tag eine andere Fracht: Sojaschrot, Holz, Baumwolle, Felle, etc. Und Kohle. Wenn der Ruf „Wo sünd die Swatten?" über den Hof schallte, waren nicht etwa afrikanische Hafenarbeiter gemeint, sondern die sogenannten „schwarzen Schauerleute", die auf den zahlreichen Kohledampfern arbeiteten. Waren die „Gangs" (jeweils zwölf Schauerleute) für die einzelnen Schiffe zusammengestellt, ging es auf die offenen Barkassen. Regen, Schnee, Sturm – die Männer standen dort ohne jeglichen Schutz. Der „Zampelbüdel" mit dem „Kaffeeteng" hing über der Schulter.

Die Stauervizen teilten nicht nur die Arbeit zu, sie waren auch für den reibungslosen Lösch- und Ladebetrieb auf den Schiffen verantwortlich. Anhand eines komplizierten Stauplans für die Beladung hatten sie dafür zu sorgen, dass die Ladung nach Löschhäfen geordnet in den entsprechenden Luken und Zwischendecks gestaut wurde.

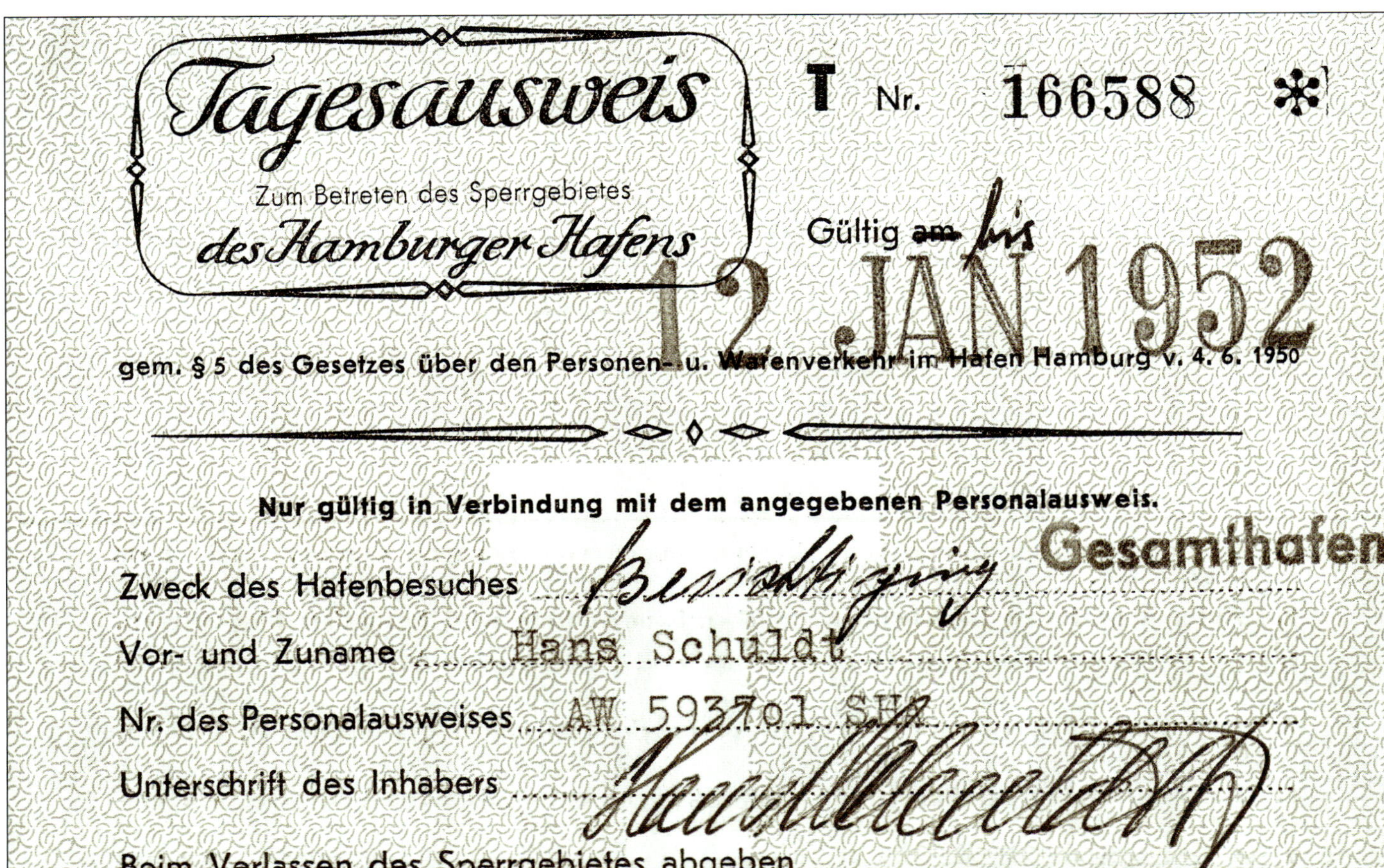

Tagesausweis

Zum Betreten des Sperrgebietes des Hamburger Hafens

T Nr. 166588

Gültig ~~am~~ bis 12. JAN 1952

gem. § 5 des Gesetzes über den Personen- u. Warenverkehr im Hafen Hamburg v. 4. 6. 1950

Nur gültig in Verbindung mit dem angegebenen Personalausweis.

Gesamthafen

Zweck des Hafenbesuches: Beschäftigung

Vor- und Zuname: Hans Schuldt

Nr. des Personalausweises: AW 593701 SH?

Unterschrift des Inhabers: Hans Schuldt

Beim Verlassen des Sperrgebietes abgeben

▲ Die Roosenbrücke um 1899: Schauerleute warten auf Arbeit. Der Lohn für eine Zehnstundenschicht betrug damals 4,50 Goldmark.

Wer als Tagelöhner eine Arbeit suchte, war gut beraten, beim Stauerviz – hier mit Bowler – mit einer „kleinen Gabe“ nachzuhelfen.

Der Stauerviz beim Verteilen der Arbeitszettel an die Schauermänner.

Die Einsatztafel an der Einteilungsstelle der Gesamthafenbetriebs-Gesellschaft, Am Sandtorkai. Auf ihr konnten die Stauereiarbeiter ablesen, wo man sie eingeteilt hatte und welche Barkasse sie zum Einsatzort bringen würde.

Vor den schwimmenden Palisaden der Freihafengrenze am Ponton Kehrwiederspitze warten Schauerleute in den Barkassen auf die Abfahrt zu den Schiffen.

Die Barkasse „John Rehr“ der Stauerei Carl Tiedemann im nördlichen Reiherstieg auf der Fahrt durch die Ellerholzschleuse in die Kuhwerder Häfen.

Über das Heck der Barkasse steigen Schauermänner auf einen Leichter, um von dort auf das im Strom liegende Seeschiff zu kommen.

Zwischendurch muss auch mal Pause sein: „Fofftein". Der Ausdruck stammt aus der Arbeit in den Speichern. Die Speicherleute zählten die Hieven, die sie mit Winden auf die Böden der Speicher brachten, in plattdeutschen Versen. Bei der 15. Hieve hieß es: „Bi fofftein is't en Drinker". Dann gab es eine Verschnaufpause mit Kümmel und Braunbier.

Die Quartiersleute

Ursprünglich lagerten die Hamburger Kaufleute ihre Waren auf dem Boden ihres Wohnhauses, später dann in geräumigen Speichern direkt an den Fleeten. Ein sogenannter Hausküper war für Pflege und Lagerung der meist in Fässern verpackten Güter zuständig. War die anfallende Arbeit für diesen allein nicht zu bewältigen, wurden Quartiersleute angeheuert, die gegen Honorar als selbstständige Lagerhalter arbeiteten. Sie nahmen die Waren – Kaffee, Kakao, Gewürze etc. – am Schiff entgegen, prüften die Ladung auf Beschädigung, zogen Proben und erstatteten dem Kaufmann ausführlich Bericht. Das Quartiersmanngewerbe geht wahrscheinlich auf das 15./16. Jahrhundert zurück. Der älteste bekannte Kontrakt stammt aus dem Jahr 1693. Da die Quartiersleute nicht über eigene Speicher verfügten, lagerten sie ihr Handwerkszeug in einem Quartier, woher womöglich die Berufsbezeichnung stammt. Eine andere Möglichkeit ist die Ableitung vom lateinischen „quarta", denn man tat sich immer zu viert zusammen (vier Ecken, vier Mann). Der Name einer der Männer und ein angehängtes „& Consorten" gab der Firma ihren Namen. Die meisten waren allerdings unter ihren „Ökelnamen" (Spitznamen) bekannt.

Mit der Gründung des Freihafens und dem Bau der Speicherstadt erhielt das Berufsbild der Quartiersleute einen neuen Stellenwert. Die neu gegründete Hamburger Freihafen-Lagerhaus-Gesellschaft vermietete die von ihr nicht selbst genutzten Speicher an Kaufleute und an Quartiersleute. Durch den wirtschaftlichen Aufschwung kamen immer mehr empfindliche Waren aus Übersee in den Hafen, auf deren Lagerung und Qualitätsprüfung die Quartiersleute spezialisiert waren. Dementsprechend war ihr Wissen und Können stark gefragt.

Ein Quartiersmann, um 1865.

Die Quartiersleute konnten die Waren erst nach Prüfung durch den Tallymann, den Ladungskontrolleur, entgegennehmen. „Tally" war ein Kerbholz, in das man früher die Anzahl der Fässer bzw. Säcke geritzt hatte, und das „Tallieren" nichts anderes als das „Ins-Kerbholz-Schneiden". Ohne die Tallyleute lief nichts im Hafen. Mit der Entwicklung zum Stückguthafen waren sie für die Prüfung der Ladungslisten verantwortlich und überwachten das Be- und Entladen. Zu ihren Aufgaben gehörte es, genau zu prüfen, ob die Ladung vollständig und unversehrt war. Nicht der kleinste Riss in einem Sack oder die versteckte Schramme an einem Auto durfte ihnen entgehen. Bei Verpackungsschäden informierten sie einen Quartiersmann, der Säcke nähen oder Kisten zunageln musste. An Bord von Stückgutfrachtern, die in ihren Luken unterschiedliche Güter geladen hatten – beispielsweise Sisalballen, Rizinusbohnen und Rohkaffee –, arbeiteten oft bis zu einem halben Dutzend Tallyleute, um den reibungslosen Ablauf zu gewährleisten.

Der Tallymann Erich Braun bei der Arbeit, um 1970. Auf einer Tafel ist die Partie angegeben: Die Partie Nr. 6071 besteht aus 54 Säcken.

Blick aus einer Speicherluke der Quartiersleute Suhr & Consorten – „de Dodtsmieters“ – auf einen Ewerführer beim Löschen seiner Kastenschute mit Rohkaffeesäcken. Längsseits liegt eine Schleppbarkasse.

Wahrnehmen einer Hieve Kaffeesäcke auf einem Speicherboden. Zwei der Quartiersleute ziehen die Hieve in die Luke, während der dritte die Speicherkarre – „de Spieckerkar“ – bereithält.

Ein Quartiersmann, der oft auch ein auf Zolltreue vereidigter Wäger war, kontrolliert das Gewicht des Sackgutes.

Eine beschädigte Naht oder eine Sacknaht wird nach der Gewichtskontrolle vernäht.

▲ Geruchs- und Qualitätsprobe von Kakaobohnen auf dem Boden der Quartiersleute Quast & Consorten.

Firmentafel an einem Block in der Speicherstadt.

Stander des Vereins Hamburgischer Quartiersleute von 1886 e. V.

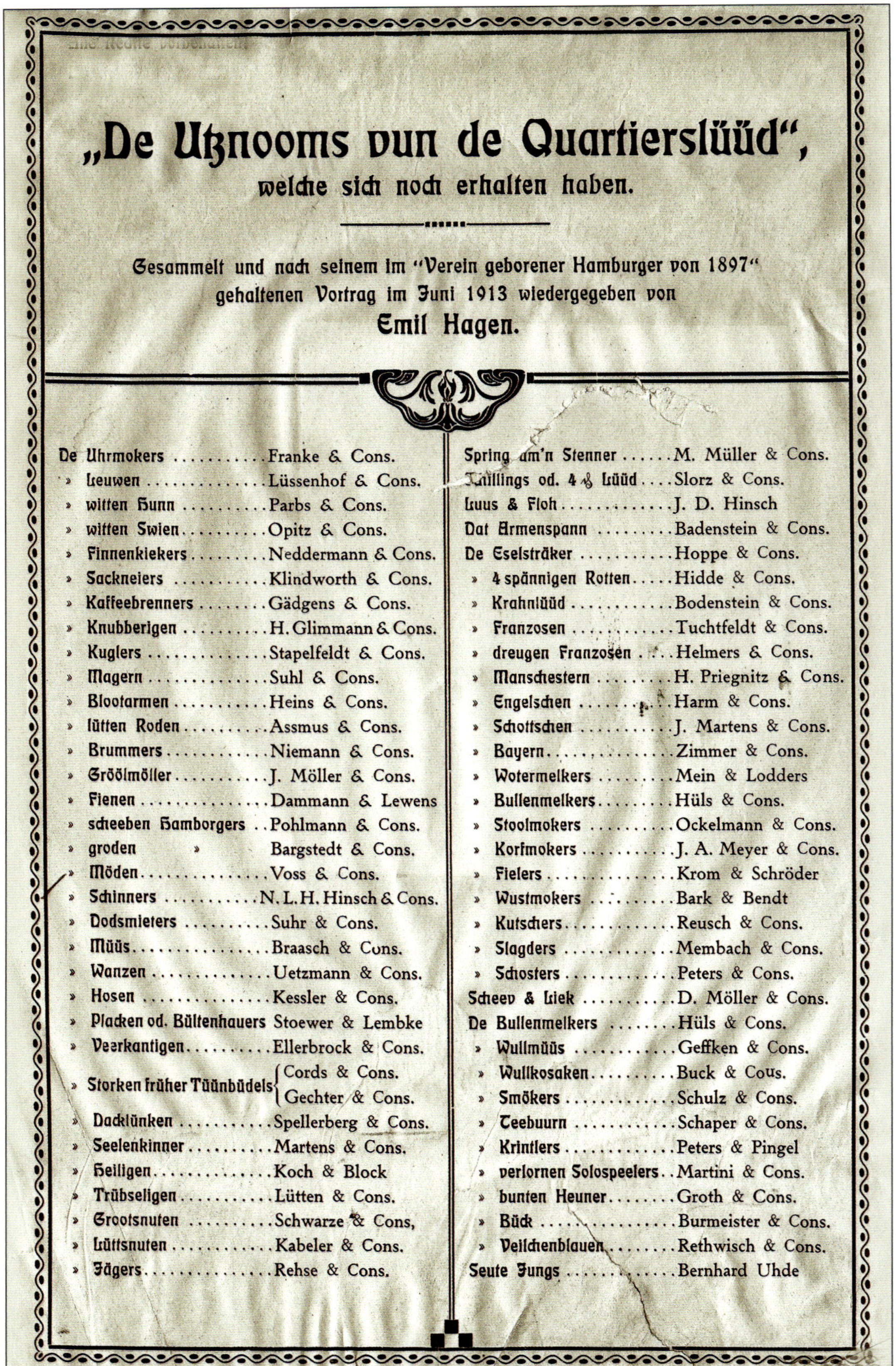

„De Utznooms vun de Quartierslüüd“,
welche sich noch erhalten haben.

Gesammelt und nach seinem im “Verein geborener Hamburger von 1897“ gehaltenen Vortrag im Juni 1913 wiedergegeben von
Emil Hagen.

De Uhrmokers	Franke & Cons.
» Leuwen	Lüssenhof & Cons.
» witten Hunn	Parbs & Cons.
» witten Swien	Opitz & Cons.
» Finnenkiekers	Neddermann & Cons.
» Sackneiers	Klindworth & Cons.
» Kaffeebrenners	Gädgens & Cons.
» Knubberigen	H. Glimmann & Cons.
» Kuglers	Stapelfeldt & Cons.
» Magern	Suhl & Cons.
» Blootarmen	Heins & Cons.
» lütten Roden	Assmus & Cons.
» Brummers	Niemann & Cons.
» Gröölmöller	J. Möller & Cons.
» Fienen	Dammann & Lewens
» scheeben Hamborgers	Pohlmann & Cons.
» groden »	Bargstedt & Cons.
» Möden	Voss & Cons.
» Schinners	N. L. H. Hinsch & Cons.
» Dodsmieters	Suhr & Cons.
» Müüs	Braasch & Cons.
» Wanzen	Uetzmann & Cons.
» Hosen	Kessler & Cons.
» Placken od. Bültenhauers	Stoewer & Lembke
» Veerkantigen	Ellerbrock & Cons.
» Storken früher Tüünbüdels	Cords & Cons. Gechter & Cons.
» Dacklünken	Spellerberg & Cons.
» Seelenkinner	Martens & Cons.
» Heiligen	Koch & Block
» Trübseligen	Lütten & Cons.
» Grootsnuten	Schwarze & Cons,
» Lüttsnuten	Kabeler & Cons.
» Jägers	Rehse & Cons.

Spring um'n Stenner	M. Müller & Cons.
Schillings od. 4 ß Lüüd	Slorz & Cons.
Luus & Floh	J. D. Hinsch
Dat Armenspann	Badenstein & Cons.
De Eselstråker	Hoppe & Cons.
» 4 spännigen Rotten	Hidde & Cons.
» Krahnlüüd	Bodenstein & Cons.
» Franzosen	Tuchtfeldt & Cons.
» dreugen Franzosen	Helmers & Cons.
» Manschestern	H. Priegnitz & Cons.
» Engelschen	Harm & Cons.
» Schottschen	J. Martens & Cons.
» Bayern	Zimmer & Cons.
» Wotermelkers	Mein & Lodders
» Bullenmelkers	Hüls & Cons.
» Stoolmokers	Ockelmann & Cons.
» Korfmokers	J. A. Meyer & Cons.
» Fielers	Krom & Schröder
» Wustmokers	Bark & Bendt
» Kutschers	Reusch & Cons.
» Slagders	Membach & Cons.
» Schosters	Peters & Cons.
Scheev & Liek	D. Möller & Cons.
De Bullenmelkers	Hüls & Cons.
» Wullmüüs	Geffken & Cons.
» Wullkosaken	Buck & Cous.
» Smökers	Schulz & Cons.
» Teebuurn	Schaper & Cons.
» Krintlers	Peters & Pingel
» verlornen Solospeelers	Martini & Cons.
» bunten Heuner	Groth & Cons.
» Bück	Burmeister & Cons.
» Veilchenblauen	Rethwisch & Cons.
Seute Jungs	Bernhard Uhde

Liste der „Ökelnamen“ der Quartiersleute.

Der 1894 gebaute Seeleichter „Willy Kiehn“ bei Umschlagarbeiten am Neuen Kran. Im Hintergrund erkennt man die Brooksbrücke, ca. 1902. ►

Leichterschifffahrt

Wegen der Untiefen in der Unterelbe konnten manche Seeschiffe den Hamburger Hafen nicht anlaufen. Die großen Rahsegler und auch Frachtschiffe erreichten oft nur mithilfe von Schleppdampfern die Reede bei Brunshausen. Dort gingen sie vor Anker, um zu „leichtern", das heißt, sie gaben einen Teil ihrer Ladung ab und konnten dann ihre Fahrt in den Hafen fortsetzen. Aus dem Begriff des „Leichterns" entwickelte sich die Bezeichnung für die dazu verwendeten Fahrzeuge: Leichter.

Diese Leichter hatten keinen eigenen Antrieb und mussten daher von Schleppdampfern die Elbe heruntergeschleppt werden, wo sie bei den Ankerliegern längsseits gelegt wurden. Die Weiterentwicklung waren Seeleichter, versehen mit Hilfsdampfbetrieb für die Ladewinden und einem Ankerspill. Mit ihnen machte man auch Schleppreisen zu den näher gelegenen Nordseehäfen, den Pommerschen Häfen bis Königsberg, nach Skandinavien und Russland.

Leichter wurden auch zur Bergung gesunkener Schiffe genutzt, beispielsweise am 4. September 1909, als der Schleppdampfer „Kuhwärder" der HAPAG auf der Norderelbe gekentert war.

Mit der Entwicklung der motorisierten Küstenschifffahrt wurde die Leichterfahrt unrentabel und viele Leichter außer Dienst gestellt oder zu Küstenmotorschiffen umgebaut. Heute ist Leichter ein Sammelbegriff für verschiedene offene oder gedeckte schwimmende Einheiten ohne Antrieb, die geschleppt oder geschoben werden.

Der Leichter „Rhein“ mit Hilfsdampfbetrieb für die Ladewinden. Er liegt hier vor dem Kaiser-Wilhelm-Höft. Links erkennt man das Leuchtfeuer der Hafeneinfahrt mit dem Pegel. Rechts steht ein 75-Tonnen-Schwerlastkran und im Hintergrund das Kopfgebäude des Schuppens 71 im 1903 in Betrieb genommenen Kaiser-Wilhelm-Hafen, 1904. ►

Die baugleichen Leichter „Ilmenau“ und „Stecknitz“ der Hamburg-Amerika-Linie waren für die Bergung der „Kuhwärder“ vorgesehen.

Andere Leichter baute man speziell für die Bergung. Hier sind die Bergungsleichter „Hiev“ und „Griep“ der Bugsier- und Bergungs-AG bei der Bergung eines Frachtdampfers zu sehen, 1923. ►

RHEIN

HAMBURG
HAMBURG

Als die Seeschiffe immer größer wurden und einen entsprechenden Tiefgang hatten, entschied sich die HAPAG, den gesamten Schnelldampferbetrieb nach Cuxhaven zu verlegen. Zwischen 1912 und 1914 wurden die Passagierdampfer „Imperator", „Vaterland" und „Bismarck" in Dienst gestellt bzw. gebaut. Doch für derlei Schiffe erwiesen sich auch die Hafenanlagen von Cuxhaven als zu klein. Also wurden die Schiffe der Imperatorklasse auf der Reede von Altenbruch abgefertigt. Dafür wurde eine Spezialboje bei der Stülcken-Werft in Hamburg in Auftrag gegeben: mit einem Durchmesser von neun Metern, einer Höhe von zehn Metern, mehreren wasserdichten Abteilungen und Decks sowie Pumpen- und Telefonräumen. In einer Bauzeit von nur drei Wochen lief die Riesenboje wie ein Schiff vom Stapel und wurde der HAPAG übergeben. Auf der Reede dienten vier Senkkästen als Verankerung.

Um die Schiffe der Imperatorklasse auf der Reede auszurüsten, wurden Store, Proviant, das Trink- und Brauchwasser sowie die Bunkerkohlen in großen Mengen mit Leichtern längsseits geschleppt und umgeladen. Das Einschiffen der Passagiere erfolgte mit Tendern von Cuxhaven aus.

Die Reedeboje der Imperatorklasse nach dem Stapellauf an der Südseite der Norderelbe vor ihrer Bauwerft Stülcken Sohn. Vor der Verschleppung nach Altenbruch wurden die restlichen Malerarbeiten von zwei Werftleuten ausgeführt. Der letzte Anstrich der Tonne wurde mit Asphaltlack (Black Varnish) ausgeführt. Einige Zeit später wurde die Boje auf die Freiburger Reede verlegt.

Die „Imperator“ auf der Reede von Altenbruch. Am Bug ist der Kaiseradler zu erkennen, der eine Weltkugel in seinen Fängen hält. Diese trug die Inschrift „Mein Feld ist die Welt“. Diese hanseatische Redensart hatte Albert Ballin für die Reederei ausgesucht und sie ist noch heute im HAPAG-Lloyd-Haus am Ballindamm zu lesen. Die Galionsfigur der „Imperator“ ging 1914 bei einem schweren Sturm auf dem Nordatlantik verloren.

Schleppdampfer

Im Gegensatz zu den Leichtern besitzen Schleppdampfer einen eigenen Antrieb. Sie wurden für alle anfallenden Bugsierarbeiten im Hafen eingesetzt. So z. B. die „Windsbraut" des Bugsierbetriebs Peter Hartje, die am 17. Juli 1898 auf der Werft J.H.N. Wichhorst in Dienst gestellt wurde. Sie maß 13,2 mal 3,81 mal 2,13 Meter und hatte 90 PSi. Die Namen der Hartje-Schlepper trugen alle die Vorsilbe „Wind" und als Schornsteinmarke führten sie die Flagge der Freien und Hansestadt Hamburg in einem weißen Ring.

Zu den Aufgaben der Schleppdampfer gehörte es, Seeschiffe in den Hafen hinein- bzw. herauszuschleppen. Sie fungierten dann als sogenannte Assistenzschlepper. Das war keine ganz ungefährliche Arbeit für die Besatzung, zu der ein Schiffsführer, zwei Decksmänner und ein Maschinist mit einem Heizer gehörten. Bei Schleppmanövern auf Beistoppern kam es immer wieder vor, dass konventionelle Schlepper – der Schlepphaken war mittschiffs, die Schraube achtern –, die zum Aufstoppen am Heck des einlaufenden Seeschiffes eine Schleppleine wahrgenommen hatten, quer schlugen und von dem Schiff umgerissen wurden. Um das zu verhindern, wurden die Schlepper auf dem Achterdeck mit einer Beistopperwinde ausgerüstet. Mit einer Stahltrosse, die auf die Schleppleine des Seeschiffes geschäkelt war, wurde dann das Heck des Schleppers mit der Beistopperwinde in Zugrichtung

Die „Windsbraut" am Ponton Roosenbrücke. Dahinter, nur halb zu sehen, ein Schleppdampfer der Ewerführerei W.H. Kriemelberg mit weißen Decksaufbauten. In der Mitte des Niederhafens erkennt man eine Spitzgattjolle, dahinter wriggt ein Ewerführer seine Schute in das Kehrwiederfleet der Speicherstadt. Im Hintergrund steht der Kaispeicher A.

Der Passagierdampfer „Oceana“ mit 8.791 Bruttoregistertonnen der Hamburg-Amerika-Linie im Kuhwerder Vorhafen. Der erste Heckschlepper liegt bereits klar auf dem Beistopper, während der zweite Schlepper den Beistopper noch auf dem Schleppdraht durchhievt.

der Schlepptrosse gehievt, wodurch ein Querschlagen des Schleppers und damit ein Kentern verhindert wurde.

Im Jahr 1959 erhielt die „Johanna II“ der Schleppreederei Petersen und Alpers auf der Werft Johann Oelkers als erster Assistenzschlepper eine bewegliche Kort-Ruderdüse. Mit dieser technischen Neuerung wurden Manövrierfähigkeit und Schleppkraft gegenüber herkömmlichen Schleppern erheblich verbessert. Insbesondere das umlenkbare Schraubenwasser optimierte die Fahrmanöver in allen Belangen des Schleppbetriebes. Mittlerweile ist diese Düse in zahlreichen Schleppern eingebaut.

Das Assistenzschleppen im Hafenbereich gehörte zu den anspruchsvollsten Aufgaben der Schlepperbesatzungen. So kam beispielsweise die 4.702 Bruttoregistertonnen große „Tucuman“ der Hamburg-Süd nicht ohne die Hilfe des Dampfschleppers „Süd-Amerika VIII“ aus: vom Oswald-Kai im Hansahafen, den Liegeplätzen der Hamburg-Süd bis in den Strom. Wenn sie auf der Elbe keine Hilfe mehr benötigte, konnte der Decksmann der „Süd-Amerika VIII“ die Schlepptrosse loswerfen.

Im Hafendienst der Hamburg-Südamerikanischen Dampfschiffahrts-Gesellschaft stand auch der Schleppdampfer „Süd-Amerika IV“. Er wurde 1907 auf der Werft Janssen & Schmilinsky gebaut, hatte einen Tiefgang von 2,4 Metern, war 18,4 Meter lang und 5,37 Meter breit. Seine Dampfmaschine war für 250 PSi ausgelegt. Am 22. Juni 1955 wurde die „Süd-Amerika IV“ an den Bugsierbetrieb Jallas verkauft und in „Hammersbrook“ umbenannt. Vier Jahre später wurde der Schleppdampfer auf der Stülcken-Werft zum Motorschlepper umgebaut und war nun mit einem 350-PS-MWM-Dieselmotor ausgerüstet. 1969, nach der Fusion mehrerer Schleppbetriebe zum Schleppkontor,

Der Neubau „Johanna“ (II) vor dem Stapellauf.

Im Vergleich mit den Menschen wird die Größe der Kort-Ruderdüse deutlich.

erhielt er den Namen „Schleppko 11". Nach 97 Jahren im Bugsierdienst in Hamburg wurde er schließlich in die Niederlande verkauft.

Mit dem Ende des Dampfzeitalters wurden viele Schleppdampfer verschrottet bzw. zu Motorschleppern umgebaut. Die „Smyrna – Deutsche Levante-Linie 1" – 1911 auf der Werft Heinrich Brandenburg in Hamburg-Steinwärder mit der Baunummer 229 für den Hafenbetrieb Deutsche Levante-Linie gebaut – war mit 15,52 mal 3,97 mal 1,67 Metern vermessen. Die Expansionsmaschine hatte 100 PSi. Der Schleppdampfer fuhr für diese Reederei, bis er am 12. Juli 1921 an die Ewerführerei Friedrich W.A. Daube in Hamburg verkauft und in „Vorwärts" umbenannt wurde. 1955 wurde er mit einem 220-PS-MWM-Dieselmotor zu einem Motorschlepper umgebaut. Die „Vorwärts" fuhr bis zum 28. Juli 1973 für die Ewerführerei. Dann wurde sie aufgrund einer Fusion den Vereinigten Hamburger Ewerführereien überschrieben und 1981 in Hamburg abgewrackt.

Die „Oceana“ ist im Kuhwerder Hafen angekommen. Auf den Assistenzschleppern sind die durch die Winden durchgehievten Beistopper zu sehen, um 1930.

Die „Smyrna – Deutsche Levante-Linie 1" vor dem Ersten Weltkrieg im Segelschiffhafen und (unten) in den 1960er-Jahren als zum Motorschlepper umgebaute „Vorwärts" im heute zugeschütteten Südwesthafen am Windhukkai.

Dampfschlepper „Süd-Amerika VIII“ mit der „Tucuman“ auf dem Schlepphaken.

Der Decksmann der „Süd-Amerika VIII“ beim Loswerfen der Schlepptrosse.

Der Schleppdampfer „Süd-Amerika IV“ …

… umgebaut zum Motorschlepper „Hammerbrook“.

Blick vom Reiherstieg über die Norderelbe auf die Hansestadt in den 1950er-Jahren. Im Vordergrund sieht man den Fährdampfer „M.G. Amsinck“, 1913 auf der Werft von Janssen & Schmilinsky gebaut. Im Krieg stark beschädigt, wurde er 1947 repariert und umgebaut. 1960 wurde er zum Abbruch nach Rotterdam verkauft.

M G AMSINCK
B H 4551

Der HAPAG-Liner „Orinoco“ wird von dem Schleppdampfer „Brunshausen“ aus dem Hafen geschleppt. Vorn erkennt man die Dampfbarkasse „Jollenführer III“. Lediglich mit einer Persenning ausgerüstet, bot sie den Passagieren im Jollenführerdienst bei schlechtem Wetter nur wenig Schutz. Der Schiffsführer hatte immerhin sein Ölzeug. Die Jollenführer fuhren im Linienbetrieb für die im Strom liegenden Schiffe.

Die Arbeiten auf einem Schlepper waren vielfältig: entrosten, „menningen“, malen und „Farbe waschen“ – mit viel Wasser und Seife. Bei den nicht ummantelten Schloten der Schlepper hielt sich aufgrund der Hitzeentwicklung kaum eine Farbe. War der Schornstein wieder einmal matt geworden, musste er mit einem Gemisch aus Leinöl und Ruß mit einem Twistballen abgerieben werden. Da die Schlepper meist nicht über einen Deckwaschschlauch verfügten, wurde das Wasser mit einer sogenannten Schlagpütz – einem kleinen Eimer mit einer eingespleißten Leine – von außenbords aufgeschlagen. Der umlegbare Schornstein erleichterte den Decksleuten die anstrengende Arbeit des Farbewaschens zumindest etwas. Der Schornstein durfte erst wieder aufgestellt werden, wenn auch das kupferne Steamrohr wieder glänzte.

Um den Freihafen (Zollinland) mit Transitgütern vorübergehend ohne Zollabfertigung verlassen zu können, musste man eine schwarz-weiße Flagge setzen sowie einen langen und einen kurzen Ton aus der Dampfpfeife des passierenden

Ein Decksmann beim „Farbewaschen“ der Schornsteinmarke auf dem Schleppdampfer „Pirat“ des Bugsierbetriebs Heinrich Bade in den 1950er-Jahren.

Fahrzeuges abgeben. Erst wenn der Zollkreuzer mit dem identischen Signal geantwortet hatte, war das Passieren erlaubt. Das Gleiche galt, wenn man wieder vom Zollausland in den Freihafen fuhr.

Um als Schiffsführer arbeiten zu können, benötigte man ein Schifferpatent. Nach siebenjähriger Fahrzeit, einschließlich dreijähriger Ausbildungszeit und vierjähriger Fahrzeit als Matrose oder Decksmann, die in einem Seefahrtsbuch und/oder Schifffahrtsdienstbuch nachzuweisen waren, sowie dem Erwerb eines Motorenpatentes hatte man frühestens im Alter von 23 Jahren die Voraussetzungen zum Erwerb eines Schifferpatentes erfüllt. Nach eingehender Schulung und bestandener Prüfung vor der Wasser- & Schiffahrtsdirektion Hamburg wurde das Patent ausgehändigt.

Die Schiffsführer und ihre Besatzungen waren mit unterschiedlichen Schiffstypen – vom Schleppdampfer bis zur Hafenfähre – in den verschiedenen Seehäfen Hamburgs im Einsatz. So auch im 1893 eröffneten Hansahafen.

Während die einen arbeiteten, nutzten die anderen die Schlepper zur Mittagspause, 1930. Der Schleppdampfer „Hanseat" liegt am Ponton Neustädter Neuer Weg und die Lehrlinge des zweiten Ausbildungsjahres der Metallgießerei & Armaturenfabrik F.A. Sening genießen die Sonne. Die „Hanseat", auf der Werft H.C. Stülcken Sohn gebaut, wurde am 28. Oktober 1901 als „Westphal & Bang" für die gleichnamige Firma in Dienst gestellt. Sie maß 15,4 mal 4,19 mal 2,14 Meter und ihre Dampfmaschine hatte eine Leistung von 140 PSi.

Die „Witt & Fink 5“ um 1930 an der Feierabendstation im Brandenburger Hafen, „Dreiangel“ genannt. Der Schleppdampfer wurde ebenfalls auf der Werft H.C. Stülcken Sohn gebaut. Auffällig sind sein teakhölzernes Ruderhaus und der Niedergang. Die Dampfmaschine hatte 130 PSi. Die Maße waren 14,5 mal 4,12 mal 2,29 Meter.

Der Schleppzug der Ewerführerei Lütgens & Reimers mit der schwarz-weißen Zollflagge befindet sich auf der Norderelbe im Zollausland zwischen Kuhwerder und den östlichen Häfen, der Zollgrenze Lotsenhöft und der Grenze Niederhafenspitze und Fährkanal, 1937.

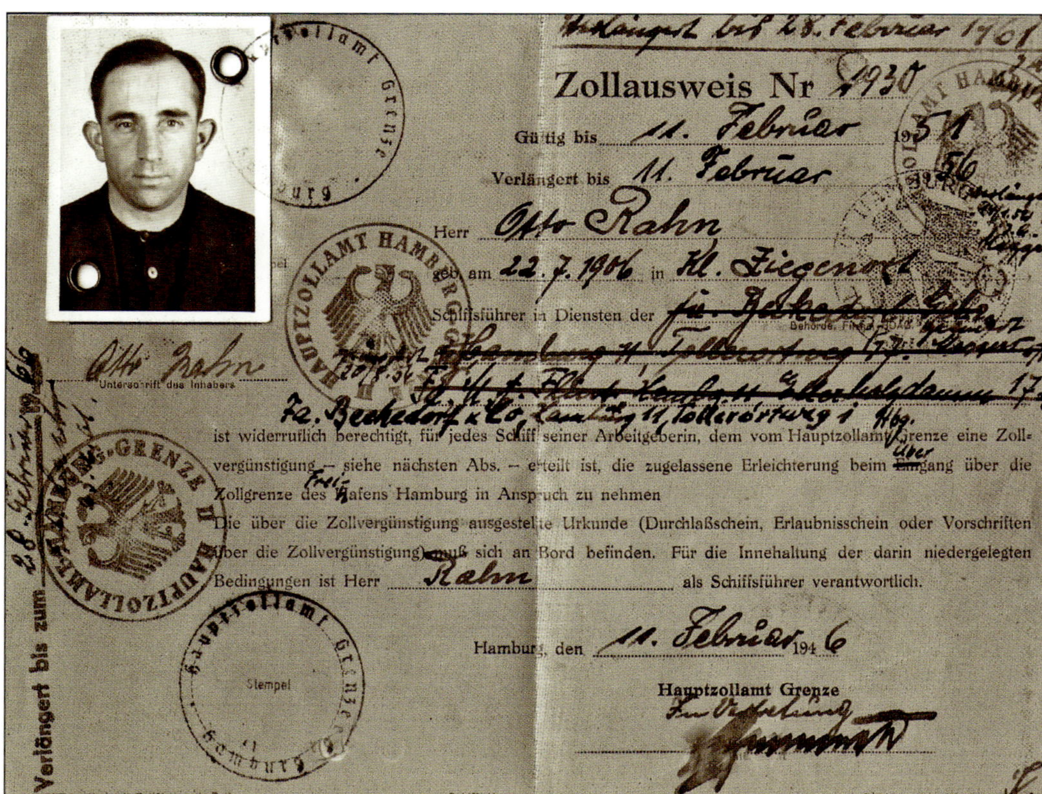

Zollausweis Nr 1930

Gültig bis 11. Februar 1951

Verlängert bis 11. Februar 1956

Herr Otto Rahn

geb. am 22. 7. 1906 in Kl. Ziegenort

Schiffsführer in Diensten der ~~Fa. Betkedorf & Co., Hamburg 11, Tollerortweg 1~~

Fa. Beckedorf & Co. Hamburg 11, Tollerortweg 1 i Hbg.

Otto Rahn
Unterschrift des Inhabers

ist widerruflich berechtigt, für jedes Schiff seiner Arbeitgeberin, dem vom Hauptzollamt Grenze eine Zollvergünstigung – siehe nächsten Abs. – erteilt ist, die zugelassene Erleichterung beim ~~Eingang~~ über Übergang über die Zollgrenze des Frei-Hafens Hamburg in Anspruch zu nehmen

Die über die Zollvergünstigung ausgestellte Urkunde (Durchlaßschein, Erlaubnisschein oder Vorschriften über die Zollvergünstigung) muß sich an Bord befinden. Für die Innehaltung der darin niedergelegten Bedingungen ist Herr Rahn als Schiffsführer verantwortlich.

Hamburg, den 11. Februar 1946

Hauptzollamt Grenze

Stempel

Verlängert bis zum 28. Februar 1961

OFPräs Hmb II Zollüberwach D 4 — Schiffs-Vergünst. – Anl. 1 – — E/1108 — 25. 3. 1942

Ein Zollschein von Otto Rahn aus dem Jahr 1946.

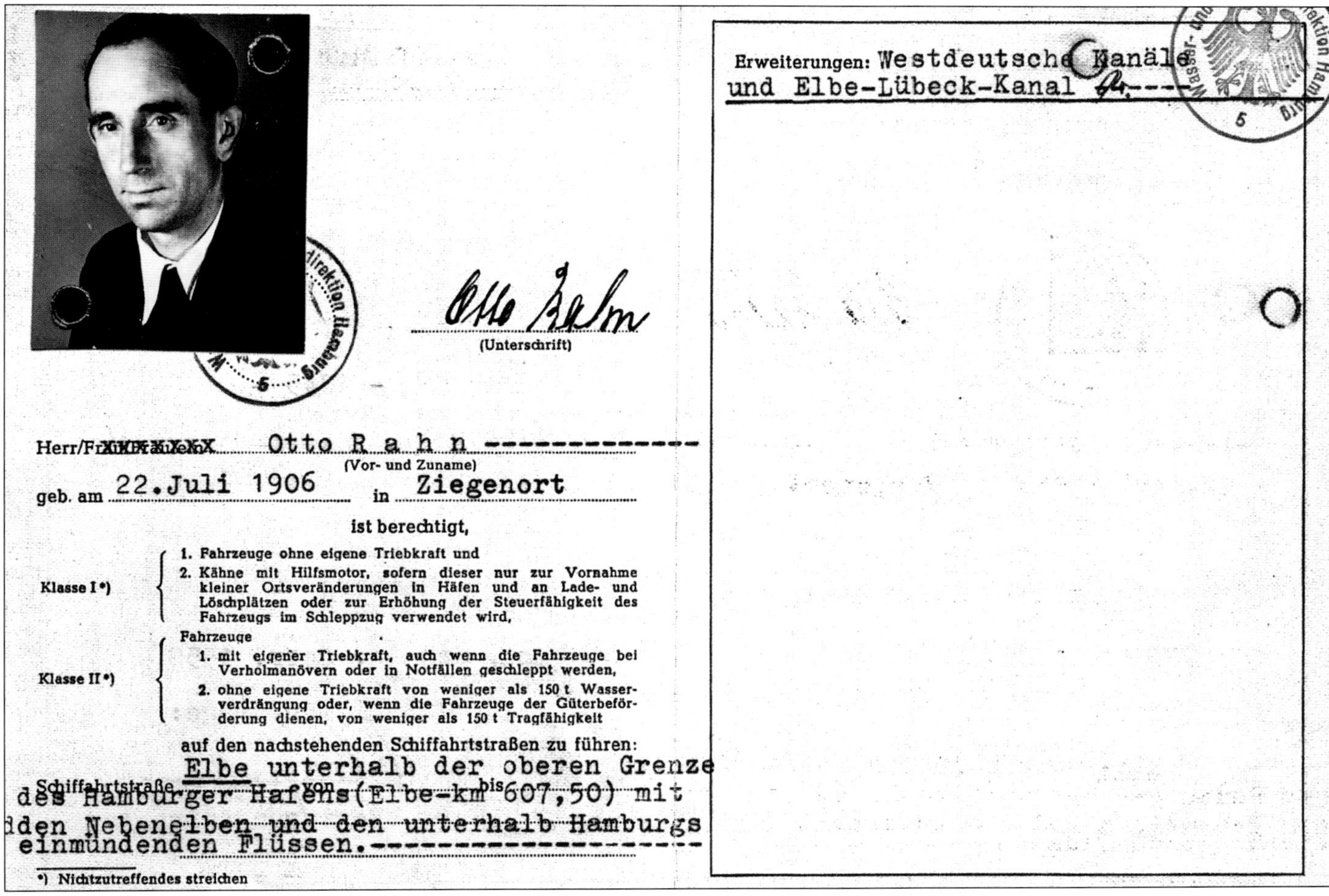

Erweiterungen: Westdeutsche Kanäle und Elbe-Lübeck-Kanal

(Unterschrift)

Herr/FrXXXXXXXX Otto Rahn
(Vor- und Zuname)
geb. am 22. Juli 1906 in Ziegenort
ist berechtigt,

Klasse I*)
1. Fahrzeuge ohne eigene Triebkraft und
2. Kähne mit Hilfsmotor, sofern dieser nur zur Vornahme kleiner Ortsveränderungen in Häfen und an Lade- und Löschplätzen oder zur Erhöhung der Steuerfähigkeit des Fahrzeugs im Schleppzug verwendet wird,

Klasse II*)
Fahrzeuge
1. mit eigener Triebkraft, auch wenn die Fahrzeuge bei Verholmanövern oder in Notfällen geschleppt werden,
2. ohne eigene Triebkraft von weniger als 150 t Wasserverdrängung oder, wenn die Fahrzeuge der Güterbeförderung dienen, von weniger als 150 t Tragfähigkeit

auf den nachstehenden Schiffahrtstraßen zu führen:
Schiffahrtstraße von bis
Elbe unterhalb der oberen Grenze des Hamburger Hafens (Elbe-km 607,50) mit den Nebenelben und den unterhalb Hamburgs einmündenden Flüssen.

*) Nichtzutreffendes streichen

Schifferpatent

Der Schleppdampfer „Willy Charles“ mit dem eleganten Sprung im Rumpf war 1911 von der Hamburger Schleppreederei Petersen & Alpers in Auftrag gegeben worden und hatte eine Länge von 21,27 Metern, eine Breite von 5,62 Metern und eine Seitenhöhe von 3,25 Metern. Der Tiefgang betrug 2,89 Meter. Seine 2-fach-Expansionsmaschine der Ottenser Maschinenfabrik verfügte über 400 PSi. Der Schleppdampfer wurde in beiden Weltkriegen bei der Kriegsmarine dienstverpflichtet. Ende der 1950er-Jahre entschied sich die Reederei, die „Willy Charles“ zu einem Dieselelektroschlepper umbauen zu lassen. Nach mehreren Verkäufen bzw. Chartern wird die ehemalige „Willy Charles“ heute unter dem Namen „Falke“ als Jacht in Fahrt gehalten.

Um das Jahr 1913 lagen zwei Dampfer der Deutsch-Australischen Dampfschiffs-Gesellschaft (DADG) im Hansahafen: die „Neumünster“ und die „Ottensen“. Die 4.258 Brutto- und 2.681 Nettoregistertonnen große „Ottensen“ wurde 1904 auf der Werft Swan, Hunter & Wigham Richardson in Newcastle/England gebaut. 1914, nach Ausbruch des Ersten Weltkrieges, wurde sie als Sperrbrecher eingesetzt und lief zwei Jahre später auf eine Mine, wo sie mit dem Sperrbrecher „Niederwald“ der HAPAG kollidierte und sank.

Die „Neumünster“ (4.225 Brutto- und 2.635 Nettoregistertonnen) wurde 1907 von der Flensburger Schiffbau-Gesellschaft an die DADG ausgeliefert. Sie wurde im August 1914 an der Westküste Australiens von dem neuseeländischen Kreuzer „Pioneer“ aufgebracht und unter australischer Flagge als „Cooee“ in Fahrt gebracht. Im Jahr 1926 wurde sie an die Commonwealth-Line of Steamers/London überschrieben und fuhr vier Jahre unter englischer Flagge. Ab 1930 fuhr sie unter finnischer Flagge, bis sie 1936 verschrottet wurde. Die DADG fusionierte 1926 mit der HAPAG.

Die „Willy Charles“ verholt die „Neumünster“ der Deutsch-Australischen Dampfschiffs-Gesellschaft.

Hafenarbeiter, um 1900. ►

Ein abgebäumter englischer Frachtdampfer, bei dem mehrere Partien Holz gelöscht werden.

Blick in den 1893 eröffneten Hansahafen mit 36,5 Hektar Wasserfläche und 3.300 Metern Liegeplätzen an Dalben. Der Küstendampfer „Franziska" der Reederei Sartori & Berger/Kiel löscht, nach Steuerbord getrimmt, seine Ladung.

Um schneller und dadurch wirtschaftlicher arbeiten zu können, wurden manche Frachtdampfer im Hansahafen abgebäumt. Das heißt, sie wurden durch Baumstämme auf Abstand zu den Dalben gehalten. Eine andere Möglichkeit der Umschlagarbeiten bestand darin, den Schwingbaum mit zwei Geien zu bewegen, die an der Reling der Steuer- und Backbordseite des Frachters sowie an der Baumnock festgemacht waren. Befand sich eine Hieve frei schwebend in der Luft, wurde, je nach Trimm, die Steuerbord- oder die Backbord-Gei aufgefiert bzw. durchgeholt. Durch eine leichte Back- bzw. Steuerbordtrimmung konnte die Hieve problemlos und mit relativ geringem Kraftaufwand in einer Schute abgesetzt werden.

Ewerführer

Die ersten Schleppdampfer fuhren Ende des 19. Jahrhunderts im Hamburger Hafen. Zuvor transportierten die Ewerführer die Waren mit ihren Schuten vom Seeschiff zum Speicher und umgekehrt. Ewerführer ist einer der ältesten Berufe im Hafen, dessen Name sich vom Bootstyp des Ewers ableitet – einem Boot mit umlegbarem Segel, sodass man zumindest streckenweise segeln konnte. Später wurde auf das Segel verzichtet und das Boot mit einem sogenannten Peekhaken gestaakt. Die ersten Ewerführereien gründeten sich um 1830, meist waren es Familienbetriebe. In den folgenden Jahren nahm das Ladungsaufkommen stetig zu. So setzte beispielsweise die Reederei Sloman 1836 drei kleinere Segelschiffe ein, die regelmäßig von Hamburg nach New York fuhren. Es gab also deutlich mehr Arbeit für die Ewerführereien. Während dieser Zeit zog es auch den Ewerführer Hans Hinrich Lütgens aus Bardowick bei Lüneburg nach Hamburg. Bis dato hatte er mit seinem Ewer auf der Ilmenau Güter befördert, jetzt erhoffte er sich in Hamburg bessere und lukrativere Aufträge. Gemeinsam mit dem Hamburger Kaufmann Reimers eröffnete er am 8. Oktober 1837 den Ewerführereibetrieb Lütgens & Reimers. Heute sieht man die Assistenzschlepper von L & R mit ihrer traditionellen Schornsteinmarke zwar noch im Hafen, die Firma ist mittlerweile jedoch eine hundertprozentige Tochter der Bremer Unterweser-Reederei AG.

Die Arbeit als Ewerführer erforderte viel Kraft und Geschicklichkeit. Die Männer mussten die Schuten durch die Fleete und im Hafen manövrieren, die Waren annehmen, stauen, wieder abgeben – und das alles von Hand. Aber nicht nur Muskelkraft war gefragt, ein Ewerführer musste sich auch mit Material- und Warenkunde auskennen. Daher war der Beruf bereits damals ein klassischer Lehrberuf mit einer Ausbildungszeit von drei bzw. vier Jahren. Lief das Umschlaggeschäft einmal etwas ruhiger, konnten sich die Männer nicht einfach ausruhen. Während der Wartezeit führten sie Ausbesserungsarbeiten an ihren Schuten und deren Ausrüstung aus.

Mit dem Zollanschluss Hamburgs im Jahr 1888, der Einweihung der Speicherstadt und der Erweiterung des Hafens wuchsen die Entfernungen, die die Hafenumschlagsbetriebe zurücklegen mussten. So kamen die ersten Schleppdampfer in den Hafen. 20 bis 30 Meter lange eiserne Schuten, die auch zum Zwischenlagern der Waren genutzt wurden, ersetzten zunehmend die hölzernen Ewer.

Stückgutumschlag, 1937. Die Ewerführer von Lütgens & Reimers beladen eine Schute und müssen genau darauf achten, dass die Hieven für die unterschiedlichen Bestimmungshäfen nicht durcheinandergeraten.

Ewerführer-Lehrling, um 1960.

◂ Ewerführer-Lehrlinge, um 1960.

Ewerführer bei Reparaturarbeiten auf ihrem Lieger, 1937. Persenninge müssen geflickt und auf schadhafte Stellen kontrolliert werden.

Verholen eines Seedampfers mit Schleppern von Lütgens & Reimers, 1937.

Sackgutlöschen war eine schweißtreibende und unbeliebte Arbeit für die Ewerführer, 1937.

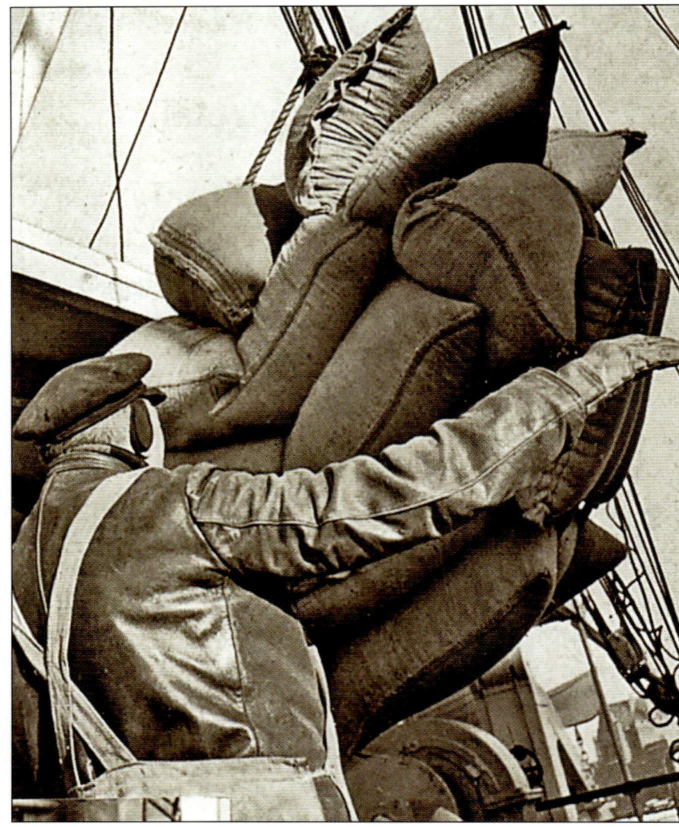

Der Decksmann macht ein typisches Handzeichen in Richtung Winschmann, 1960er-Jahre.

Ein Winschmann. Der Umschlag erfolgt mit bordeigenem Ladegeschirr, 1930er-Jahre.

Ewer und Schuten im Binnenhafen, am Straßenzug Kajen. In der Bildmitte erkennt man die Mündung zum Deichstraßenfleet.

Der Niederhafen um 1875. Zwischen Kai und den Rahseglern liegen die Spitzgattjollen, die auch als Festmacherboote eingesetzt wurden. Links sieht man zum Teil beladene Schuten der Ewerführer.

Die „Vaterland" läuft aus dem Hamburger Hafen aus, 1914. Es war am 2. Oktober 1833, als der erste Schleppdampfer des Hamburger Hafens, die „Elbe", einen aus Mittelamerika kommenden Großsegler auf den Haken nahm. 1914, 81 Jahre später, trat das damals größte Schiff der Welt, die bei Blohm & Voss gebaute „Vaterland", von Hamburg aus ihre Jungfernreise nach New York an. Sie maß 54.282 Bruttoregistertonnen, war 276,15 Meter lang, 34,80 Meter breit und hatte eine Seitenhöhe von 19,51 Metern. Es handelte sich um ein Vierschraubenturbinenschiff mit 60.000 PSw, auf dem ca. 3.800 Passagiere Platz hatten. Wie heute wurde der Ozeanriese von zahlreichen Barkassen, Schleppern und anderen Hafenfahrzeugen mit Schaulustigen begleitet.

Diese zwei Duckdalben, durch Ketten zusammengehalten, standen vor dem Afrikahöft. Vorn liegen drei hölzerne Schuten, in der Mitte eine Dreimastbark. Die Aufnahme entstand am Kamerunkai im heute nicht mehr existierenden Südwesthafen. Im Hintergrund erhebt sich der Michel. ►

Anfang des 18. Jahrhunderts gehörte es noch zur Seemannschaft, die Segelschiffe an den Dalben festzumachen und die Lösch- und Ladearbeiten auszuführen. Das war grundsätzlich kein Problem, da die Schiffe damals noch wochenlang im Hafen lagen. Das änderte sich im Verlauf der nächsten Jahrzehnte, als das Schiffsaufkommen im Hamburger Hafen deutlich größer wurde. Da die Liegeplätze in den Fleeten und im Alstertief nicht mehr ausreichten, waren die Hamburger bald gezwungen, ihren Hafen auszubauen. 1767 wurde eine erste Reihe von Duckdalben in die Elbe gerammt, 1795 folgte eine zweite, jedoch weiter draußen im Strom: Zwischen Johannisbollwerk und den Vorsetzen entstand der Jonashafen, der spätere Niederhafen.

Duckdalben, eine Besonderheit des Hamburger Hafens, sind Gruppen von bis zu 13 gegeneinander geneigten Pfählen, die in den Hafengrund gerammt wurden. Sie dienten zum Festmachen von Schiffen im Strom, als Schutz der Brückenfundamente, als Führungsdalben der Pontons oder als Streichpfähle an den Kaimauern. Die Pfähle waren, wenn es sich um Baumstämme handelte, durch Holzverbände mit starken Durchgangsbolzen miteinander verbunden und wurden mit sogenannten schwimmenden Rammen in den Boden gerammt. Durch die immer größer werdenden Schiffe und die zunehmende Wassertiefe in den Häfen nahmen die auf die Dalben wirkenden Kräfte derart zu, dass heute, mit wenigen Ausnahmen, nur noch Stahldalben gerammt werden.

Die „Ramme IV“ des Amtes für Strom & Hafenbau bei der Arbeit. Im Hintergrund erkennt man den Altonaer Elbspeicher und Possehls Kohlenhof, um 1930.

Ramme IV.
IV.

Auf einem Dalben: Hier versucht ein Ewerführer mit seinem Peekhaken eine Leinenverbindung aus einem Festmacherring zu lösen. ▸

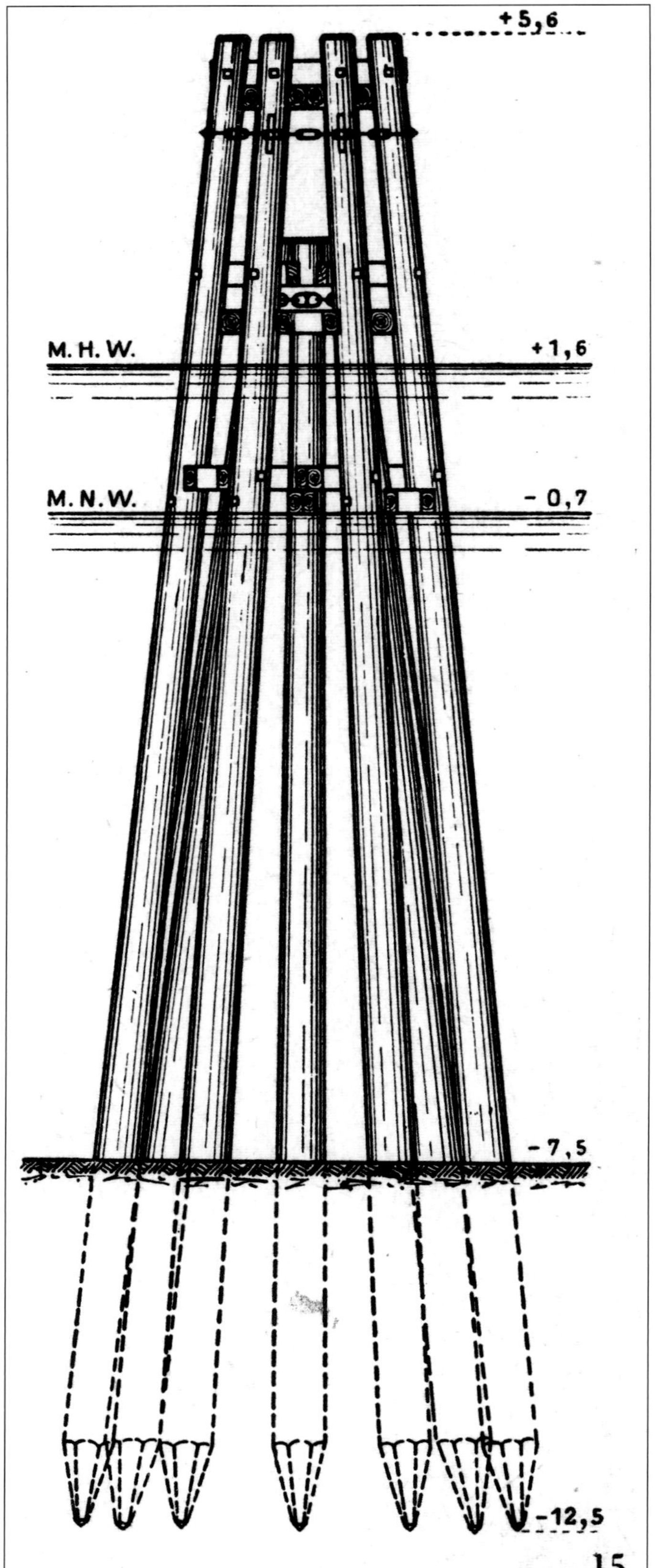

Zeichnung eines dreizehnpfähligen hölzernen Duckdalbens.

Vor dem Hintergrund der Elbspeicher von Altona hat eine Spitzgattjolle an einem Dalben festgemacht. Der Schleppdampfer „Maria“, mit der mit Sackgut beladenen Schute auf dem Haken, wurde 1903 auf der Hamburger Schiffswerft und Maschinenfabrik, vormals Janssen & Schmilinsky AG, gebaut. Rechts liegt eine Tjalk mit einer Ladung Getreide, um 1903.

Festmacher arbeiten am Lloyd Passagierdampfer „General von Steuben“, um 1930. ►

Die Seeschiffe an den Duckdalben bzw. am Kai zu vertäuen, war Aufgabe der Festmacher. Zunächst waren es Elbfischer, die früh erkannten, dass im Hafen Bedarf an dieser Tätigkeit bestand, aber auch Seeleute, die eine Arbeit im Hafen suchten. Ihre Arbeit war hart und die Männer brauchten viel Geschick und Geduld, um mit den armdicken Leinen zu hantieren. Die Bootsbesatzungen bestanden meist aus zwei Mann: Der Mann vorn nahm die Leinen des Seeschiffes entgegen, der andere wriggte oder pullte die kleine Spitzgattjolle zwischen Schiff und Dalben bzw. Kaimauer hin und her, bis die Verbindung mit der Leine fest war. Große Rahsegler und Dampfschiffe machten für längere Liegezeiten mitunter auch mit Ketten fest. Für diese Arbeit benötigten die Festmacher bis zu einem halben Tag. Der Wettbewerb unter den Festmachern war hart, denn sie bekamen ihre Aufträge von den Seeschiffen durch Zuruf. Da wurde mit harten Bandagen gekämpft, um als Erster am Schiff zu sein. Man schreckte auch nicht davor zurück, die Riemen der Konkurrenz anzusägen. In den 1920er-Jahren besaß bereits das eine oder andere Festmacherboot einen Motor. Die Wege zu den Einsatzorten wurden durch die permanente Hafenerweiterung immer länger und auch die Größe der Seeschiffe stellte erhöhte Ansprüche an die Boote. So übernahmen robuste Motorboote aus Eichenholz die Arbeit der Spitzgattjollen. In der weiteren Entwicklung wurde das Bootsbaumaterial Eichenholz durch Schiffbaustahl verdrängt.

Beschrieben die Festmacher ihren Beruf im Sommer noch als einen der schönsten im Hafen, so verfluchten sie ihn im Winter. Die Leinen waren steif gefroren und die Böden der Boote glichen Eisbahnen. Bei Eisgang kamen sie ohne die kollegiale Hilfe der Schlepper, die sie zu den Seeschiffen brachten, nicht aus.

Vorn im Bild liegt ein Festmacherboot im Ellerholzhafen vor der brennenden „Ruby Castle“. Oft waren Hanf, Sisal oder Baumwollballen, die sich selbst entzündet hatten, die Ursache für Schiffsbrände, hier am 20. Juli 1928.

Mit 16 Spritzendampfern war in der damaligen Zeit die HADAG das Rückgrad der Feuerbekämpfung im Hamburger Hafen. Bei Feueralarm wurden am Turm des Kaispeichers A am Kaiserhöft, am Uhrturm an den St.-Pauli-Landungsbrücken und in der ehemaligen Feuerwache am Worthdamm Glocken geläutet. Sammelpunkt der alarmierten Fährdampfer war der Ponton Kehrwiederspitze. Zusätzlich zu den Besatzungen der Fährdampfer gingen Feuerwehrleute an Bord und die Passagiere hatten das Schiff zu verlassen. Beim ersten Ertönen der Glocken mussten zwei Fährdampfer den Sammelpunkt ansteuern. Bei Wiederholung kamen jeweils zwei weitere Fährdampfer hinzu, bis für die Löscharbeiten genügend Spritzendampfer zur Verfügung standen.

Der Fähr- und Spritzendampfer „Perthes“ liegt bei der Brandbekämpfung längsseits der brennenden „Ruby Castle“. Die „Perthes“ wurde 1900 auf der Werft J.H.N. Wichhorst in Hamburg-Steinwerder gebaut. Für 175 Passagiere vermessen, hatte das Schiff eine Länge von 17 Metern, eine Breite von 5,3 Metern und einen Tiefgang von 2,6 Metern. Die 2-Zylinder-Compound-Maschine hatte 200 PSi.

Das Festmacherboot „Max Meyn V“ hat Anfang der 1930er-Jahre zwischen einem Passagierliner und dem Auguste-Viktoria-Kai im Kaiser-Wilhelm-Hafen eine Achterleine ausgebracht. Sobald auf dem Vorschiff ebenfalls eine Leine ausgebracht ist, hievt sich das Schiff an den Kai, um die weiteren Leinen festzumachen.

Ein Foto aus den 1960er-Jahren zeigt die gerade eingelaufene „Hoogkerk“; sie hat bereits eine Achterleine an Land. Der Motorschlepper „Bugsier 9“ wird gleich seine Schleppleine slippen und der Festmacher zieht – mit bloßen Händen! – die Achterspring zu einem Poller. ►

Nach dem Zweiten Weltkrieg setzte die britische Besatzungsmacht einen Hafenkommandanten ein. Die Festmacherbetriebe wurden zur Zusammenarbeit verpflichtet und es wurden Tarife eingeführt, die von der Preisbildungsstelle der Hansestadt Hamburg genehmigt werden mussten. Das war die Geburtsstunde der Arbeitsgemeinschaft Hamburger Schiffsbefestiger. Zu den Mitgliedern der ersten Stunde gehörten die Betriebe Max Meyn, Georg Barghusen, Wilhelm Hellm und die Vereinigten Bootsleute. Unter der Führung von Max Meyn wurde der Schichtbetrieb eingeführt, der garantierte, dass an 365 Tagen im Jahr rund um die Uhr gearbeitet werden konnte.

Das Festmachen der Schiffe an den Dalbenreihen in den Hafenbecken und in der Norderelbe erforderte besonderes Geschick, denn es war Vorsicht geboten: Das bewegte Hafenwasser und das Schraubenwasser der Assistenzschlepper machten die Arbeit nicht gerade ungefährlich. Von den stark schaukelnden Booten aus mussten die Leinen mit einem Hamburger Lasching an den Festmacherringen der Dalben festgemacht werden.

Die Festmacherboote, robust und stabil gebaut, wurden hart beansprucht. Bei den Arbeiten mit den Leinen zwischen den Seeschiffen, den Kaimauern oder den Dalben und mit der permanenten Schwell im Hafen waren harte Stöße nicht zu vermeiden. Um die Boote vor Schäden zu schützen, besaßen sie neben den Wallschienen zusätzlich Fender aus Tauwerk, um die Stöße abzufangen.

WASSERSCHUTZPOLIZEI 26
MAX MEYN III

◂ Festmacher in den 1930er-Jahren, (unten links) den 1960er-Jahren …

… und den 1970er-Jahren.

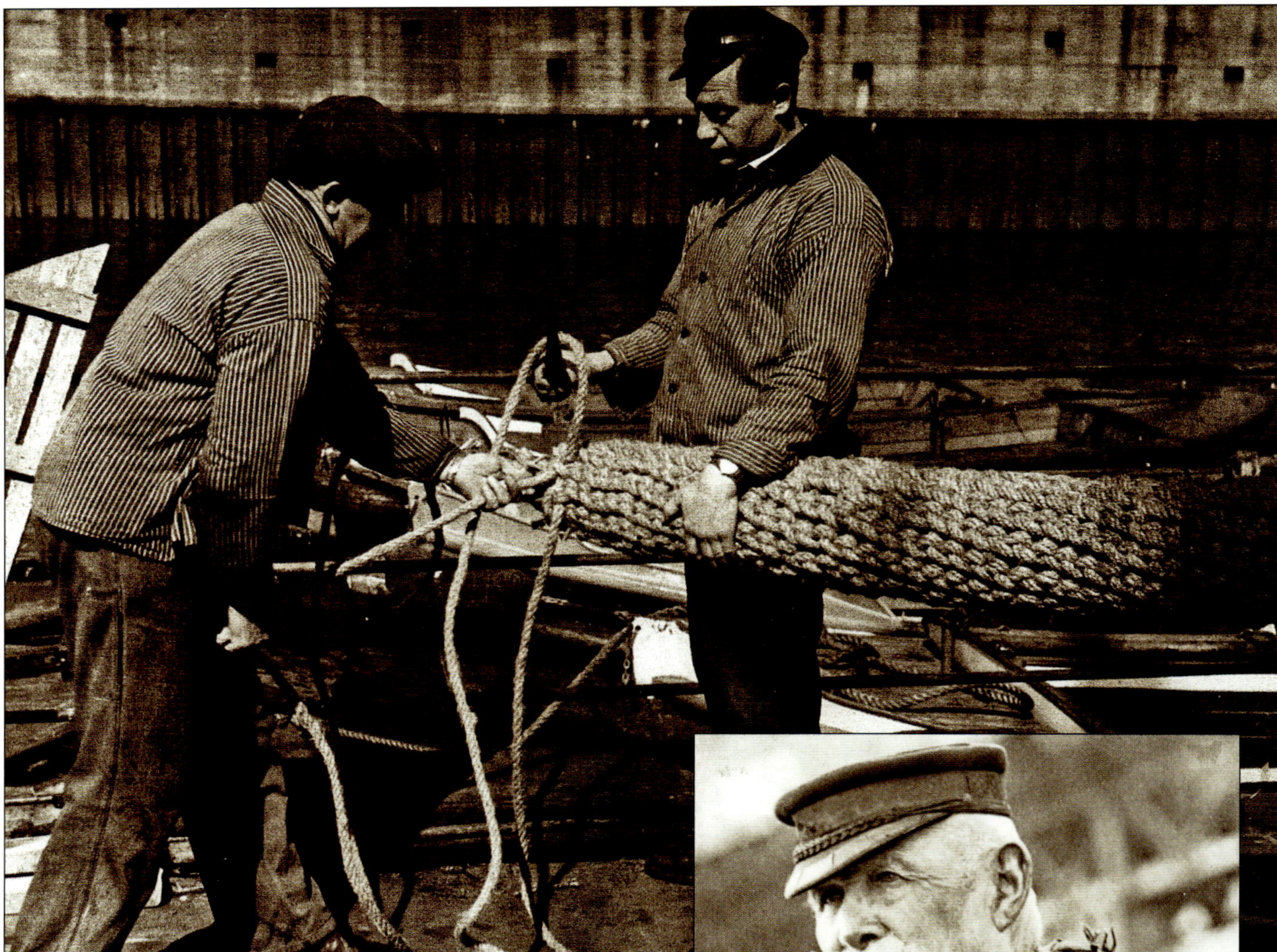

Zwei Bootsleute beim Knüpfen eines Bug- oder Heckfenders in den 1970er-Jahren.

Der alte Fahrensmann sammelte in den 1950er-Jahren mit seiner Ruderjolle altes Tauwerk, um seine Rente aufzubessern. Auf seine Frage „Oll Tauwark?“ bekam er oft zu hören: „Dat hest Du jo ünner die Nees!“

Lagen Seeschiffe im Hafen, die Kohle bunkerten, waren „die Swatten" gefragt – die Kohlenjumper: kräftige Männer in schwarzen Pilothosen mit Knieriemen, einem Hamburger Kittel, einer Manchesterweste – Jumpi genannt – und einem Filzhut. Das um den Hals gebundene Schweißtuch benutzen die Kohlenjumper auch als Atemschutz gegen den Kohlenstaub, indem sie einen Zipfel des Tuches in den Mund nahmen.

Eine „swatte Gäng" bestand meist aus 13 Männern, die ein eingespieltes Team waren, in dem jeder seine Aufgabe hatte. Jeder Handgriff musste sitzen: An Deck des Schiffes wurde eine Dierck aufgeriggt, ein zusätzlicher Ladebaum, an deren oberem Ende eine Leine durch einen Block (Rolle) lief. An einem Ende der Leine war der Korb mit der Kohle befestigt. Am anderen Ende, der sogenannten holenden Part, griffen vier der Schauerleute zu und „jumpten" von einem in etwa einem Meter Höhe angebrachten Brett. Der Korb schnellte nach oben auf Decks- oder Stellagenhöhe, wo der Korbmann zugriff und den Korb in die Bunkerluke schüttete. Dieser Ablauf wiederholte sich so lange, bis das Schiff vollends bebunkert war. Am Ende des Arbeitstages durfte jeder Kohlen für den Privatgebrauch mit nach Hause nehmen. Diese wurden in einem Kohlenzampel mitgenommen, der sogenannten „Lebberwust", die bis zu 80 Pfund Kohle fasste. Meist ging es aber nicht direkt nach Hause. Erst einmal wurde in der Stammkneipe der Kohlenstaub mit „Köm und Beer" heruntergespült.

Kohlenjumper rudern mit ihrer eigenen Jolle durch den Sandtorhafen zu ihrer Arbeit an einem Dampfschiff, 1906.

Das „Hamburger Tageblatt" berichtete am 7. November 1937 über eine „swatte Gäng".

Frachtdampfer wurden, wenn nötig, von der Kaimauer abgebäumt, damit sich die Kohlenschute auf Höhe der Bunkerluke zwischen Schiff und Kaimauer legen konnte. Auf Dampfern, die für das Kohlenjumpen nicht geeignet waren, musste die Kohle dann in Körben über eine Holztreppe von der Schute an die Bunkerluke des Schiffes getragen werden. Das Gewicht der Kohle errechnete man durch die Anzahl der Körbe, wobei zehn Körbe ca. eine Tonne Kohle enthielten. Für das Zählen waren ein Ewerführer und ein Mann des Maschinenpersonals des Schiffes zuständig. Die „schwarzen Schauerleute" leisteten Schwerstarbeit und viele hatten einen kaputten Rücken oder chronische Atembeschwerden. Dennoch war man, wie die meisten Hafenarbeiter, stolz auf seine Arbeit und wollte mit niemandem tauschen.

Bebunkerung mit Körben, um 1910.

Im Baakenhafen, abgebäumt am Petersenkai, bunkert der Frachtdampfer „Henriette Woeyrmann“ mit Kohlekörben aus einer Schute.

Zum Bild des Hamburger Hafens gehörten auch die Donkeyschuten. Diese Schuten waren mit einem Dampfkessel und einer Dampfwinde ausgestattet, die durch einen geschlossenen Aufbau vor Wind und Wetter geschützt wurden. Donkeyschuten setzte man für Lösch- und Ladearbeiten an Großseglern, Oberländer Kähnen, Speichern ohne Bodenwinde und zur Bebunkerung von Seeschiffen ein – an letzteren meist dann, wenn ein zusätzlicher Ladebaum (Dierk) aufgeriggt werden musste. Der Mann an der Winde, der Donkeymann, war für den Unterhalt und die Instandhaltung der Schute zuständig. Während der Lade- oder Löscharbeiten musste er das Kohlefeuer unter dem Kessel in Gang halten, auf den Wasserstand im Kessel und den Dampfdruck achten sowie die Dampfwinde bedienen. Nur über Handzeichen und Blickkontakt mit dem Decksmann des jeweiligen Schiffes ging die Arbeit vonstatten (in Ausnahmefällen auch auf Zuruf), denn von seiner tiefliegenden Schute aus hatte der Donkeymann keinen Einblick in die Schiffsluke.

Blick von der St.-Annen-Brücke über das Brooksfleet auf den Straßenzug Holländische Reihe, 1848. Rechts befinden sich die Speicher des Neuen Wandrahms, links, am Kai, eine Donkeyschute zum Aufwinden der Ballen aus einer Schute. Die Speicher hatten Kranbalken an den Giebeln, über die die Ballen an langen Leinen (Läufern) nach oben gehievt wurden.

Ein Donkeymann an der Dampfwinde in den 1920er-Jahren.

Auch wenn die Donkeyschuten die Arbeit der Kohlenjumper bereits deutlich erleichterten, übernahmen im Laufe der Jahre mechanische Kohlenheber die Arbeit. Die Kohlenheber gewährleisteten eine schnelle Bebunkerung. Die Leistung eines Kohlenhebers betrug 25 Tonnen pro Stunde. Die Bebunkerung der Frachtdampfer erfolgte vom Wasser aus gleichzeitig in die Steuer- und Backbordbunker, der kaiseitige Ladebetrieb wurde also nicht beeinträchtigt. Bei Passagierschiffen war das gleichzeitige beidseitige Bebunkern allerdings nicht möglich, da ihre Decksaufbauten zu hoch waren. Kohlenheber, die über keinen eigenen Antrieb verfügten, wurden von Schleppdampfern auf den Haken genommen und zu ihrem Einsatzort geschleppt. Von den 1930er-Jahren bis zum Beginn des Zweiten Weltkrieges waren sechs Kohlenheber im Hamburger Hafen im Einsatz. Während des Krieges gingen fünf verloren bzw. wurden so stark beschädigt, dass eine Reparatur unrentabel gewesen wäre. Der letzte Heber lag im Sandtorhafen am Kaiserkai, als Bebunkerungsstation für die Fährschiffe der Hafendampfschiffahrts AG. In den 1960er-Jahren wurde er außer Dienst gestellt und abgewrackt. Damit ging die Ära der Kohlenheber im Hamburger Hafen zu Ende.

Am Schuppen 14 im Grasbrookhafen am Dalmannkai bebunkert in den 1920er-Jahren ein Kohlenheber einen Frachtdampfer. Der Heber, am Frachter festgemacht, hat eine Schute längsseits, aus der die Kohle über eine Laufkatze mit einem Greiferkorb in den Schüttrumpf des Hebers gelangt. Von dort wird sie über ein Becherwerk in den oben liegenden Verteiler und über bewegliche Stahlrohre durch die Luken in die Kohlebunker befördert. Hier werden „schwarze Schauerleute“ gebraucht, um die Kohle aus der Lukenmitte unter Deck zu trimmen. Die Kohle wird vor der Bebunkerung vom Greifer des Hebers bewässert, um den Staub so gering wie möglich zu halten.

Die Wartestation der Kohlenheber vor den Docks der Reiherstieg-Deutsche Werft AG in den 1930er-Jahren.

Ein antriebsloser Kohlenheber wird in den 1930er-Jahren von einem Schlepper des Westfälischen Kohlenkontors zu seinem Einsatz geschleppt.

Die „Kohlenheber GmbH I“: Für eine schnellere Bebunkerung von Seeschiffen ließ die Kohlenheber Gesellschaft drei selbst fahrende Kohlenheber konstruieren. Die Heber mit dem hohen, starren Ausleger blieben in der Praxis aber weit hinter den Erwartungen zurück, sodass sie eine Ausnahmeerscheinung blieben, um 1910.

Die Schuten, mit denen die Bunkerkohle zu den Seeschiffen gebracht wurde, wurden am Kai aus Eisenbahnwaggons mit Kohlenkippern (Waggonkipper) beladen. Nach kurzer Liegezeit nahm sie ein Schlepper auf den Haken und brachte sie zu den zu bebunkernden Schiffen. Kennzeichnend war die Kippvorrichtung, die die Eisenbahnwaggons bis vor die Kaimauer über die Luke der Kohlenleichter oder Schuten führte. Durch die Schwerkraft rutschte die Kohle aus dem Waggon. Ein solcher Kohlenkipper konnte bis zu 20 Waggons mit je 20 Tonnen Kohle pro Stunde abfertigen.

Seitenriss eines selbst fahrenden Kohlenhebers.

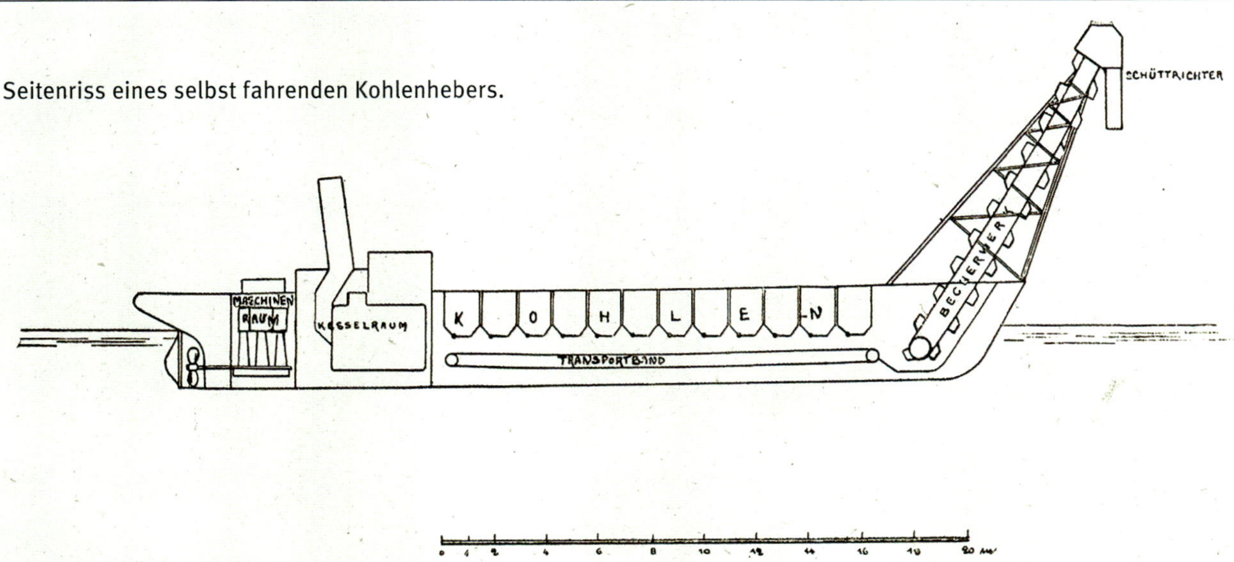

Das schwimmende Kohlelager der Reederei und Ewerführerei Bd. Blumenfeld am Kirchenpauerkai in den 1920er-Jahren.

Eine Schute des Westfälischen Kohlenkontors unter dem Kohlenkipper am Kirchenpauerkai in den 1920er-Jahren.

Kohlenkipper der Hamburg-Amerika Linie am Ellerholzhafen. ▸
Ein reedereieigener Kohlenleichter wird beladen, 1920er-Jahre.

Auf der Laderampe des Schuppens am Grevenhofkai im Kuhwerder Hafen: Die Vorbereitungsarbeiten zur Bebunkerung eines HAPAG-Liners sind in vollem Gange. Die Kohlewaggons stehen vor den Bunkerluken in der Bordwand bereit und die „schwarzen Schauerleute“ bereiten ihre Stellagen und Sputen zur Bebunkerung vor, um 1910.

Ein Kohlenheber der Hamburger Reederei und Ewerführerei Sauber Gebr. ist am Kranhöft gekentert. Die Bergungsdampfer der Taucherfirma Beckedorf Gebr. und eine Dampfbarkasse der Hafenverwaltung sind vor Ort. Der Kran wurde von einer Sturmböe der Windstärke 12 erfasst und umgeworfen. Die an Bord befindlichen acht Arbeiter konnten sich bis auf zwei, die sich zur Zeit des Unglücks im Maschinenraum befanden, durch einen Sprung ins Wasser retten. November 1933.

Für die Bergung des Kohlenhebers wurde das hohe Stahlgerüst mit den Ladebrücken abmontiert. In seiner gesamten Größe wäre die Bergung nicht möglich gewesen.

Der Schwimmkörper des Kohlenhebers wird von Bergungsdampfern vom Grund der Elbe an die Wasseroberfläche gehievt. Sobald der Ponton des Hebers weit genug aus dem Wasser ragte, wurden die Lenzpumpen der Bergungsdampfer und transportable Bergungspumpen eingesetzt, um das Wasser aus dem Kohlenheber zu lenzen. Im Anschluss wurde der Ponton auf Leckagen untersucht und für schwimmfähig erklärt.

An der Großen Elbstraße 85/93, neben den Elblagerhäusern von J.P. Lange Söhne und Willhelm Hauschildt, befand sich das Kohlensilo mit dem Greiferkran der Umschlagsanlage der Haniel GmbH. Gerade löscht der Kohlendampfer „Franz Haniel" seine Ladung. Davor sieht man den kleinen Motorschlepper „Emil Körner" beim Verholen einer Schute. Als Schleppdampfer „Heinrich Adolf" für Halle & Lange gebaut, wurde er 1930 an Emil Körner verkauft und zu einem Motorschlepper mit 70 PS doppelwirkendem 2-Takt-Junkers Dieselmotor umgebaut. Ab 1949 wechselte der Schlepper mehrfach den Eigner und ging als „Sonne", „Emil Nebert" und „Christian" in Fahrt. Im Januar 1992 wurde die „Christian" in Höhe der Billwerder Bucht von einem tschechischen Binnenschiff gerammt, wegen Reparaturunwürdigkeit aufgelegt und verschrottet. Im Gegensatz dazu kann man den im Vordergrund liegenden Schleppdampfer „Tiger" (Baujahr 1910) der Erwerführerei Jürgen Hinrich Steffen noch heute im Museumshafen Övelgönne besichtigen.

Zwei der ersten von der Hamburg-Amerika-Linie in Dienst gestellten dampfbetriebenen Getreideheber mit Becherwerk, um 1909. ▸

Gegen Ende des 19. Jahrhunderts nahm der Getreideumschlag im Hamburger Hafen so stark zu, dass die Anzahl der Getreideladungen mit den herkömmlichen Löschmethoden kaum noch zu bewältigen war. (Bis dahin war das Getreide mit Körben aus dem Laderaum gehievt und umgeschlagen worden.) Das galt sowohl für das Ladegeschirr an Bord der Schiffe als auch für die Donkeyschuten, die mit ihren installierten Dampfwinden ja extra zur Beschleunigung des Löschbetriebs eingesetzt wurden. Um die Jahrhundertwende stellte die Hamburg-Amerikanische-Paketfahrt Actien-Gesellschaft daher drei schwimmende Getreideheber in Dienst. Sie arbeiteten mit einem dampfbetriebenen Becherwerk nach Paternosterprinzip. Doch auch ihre Leistung war bald nicht mehr ausreichend. Die Hafenwirtschaft machte sich Gedanken, wie das hohe Getreideaufkommen wirtschaftlich optimal umgeschlagen werden könne und man entschied sich schließlich für die damals neu entwickelte pneumatische Saugtechnik als viel versprechende Methode. Im Frühjahr 1906 schlossen sich Reeder, Schiffsmakler, Stauereien und Kornumstecher zur Getreideheber-Gesellschaft mbH Hamburg (GHG) zusammen, die gezielt die pneumatische Fördermethode vorantrieb. Bis zum Juni 1907 baute die Firma G. Luther, eine Vorgängerin der MIAG Mühlenbau- und Industrie GmbH/Braunschweig, die ersten fünf pneumatischen Schwimmheber für das junge Unternehmen; 1908 wurden fünf weitere Heber geliefert. Allen Skeptikern zum Trotz, bewährten sich die Heber im Getreideumschlag so gut, dass bis zum Ausbruch des Ersten Weltkrieges 21 pneumatische Schwimmheber unter der Kontorflagge der Getreideheber-Gesellschaft im Einsatz waren. Trotz ihrer für die damalige Zeit hohen Umschlagsleistung von 200 bis 250 Tonnen pro Stunde waren sämtliche Heber permanent im Einsatz. Nach einem Einbruch während des Ersten Weltkrieges normalisierte sich der Getreideumschlag nach dem Krieg langsam wieder. Dies änderte sich mit dem Ausbruch des Zweiten Weltkrieges, in dem die GHG zahlreiche Heber verlor. Doch das Unternehmen kümmerte sich intensiv um den Wiederaufbau und konnte dem Hafen bzw. seinen Kunden bereits wenige Jahre nach Kriegsende 14 einsatzfähige Getreideheber zur Verfügung stellen.

Getreideumschlag mit Körben aus dem Frachtdampfer „Valeria", 1907 im Hansahafen. Das Getreide wurde mit dem bordeigenen Ladegeschirr und einer zusätzlich geriggten Dierk in Körben aus dem Laderaum gehievt und in einen Klappkasten geschüttet, der auf einer Waage stand. War der Kasten gefüllt, war es die Aufgabe des Wägers („Pünner" genannt), das Gewicht zu notieren. Dann wurde die Klappe geöffnet und das Getreide rutschte über eine Spute in die längsseits des Frachters liegende Schute.

Um 1910: Der Kieler Frachtdampfer „Carl" löscht am Bremer Kai im Hansahafen Getreide aus Russland. Auf der Laufplanke über der Luke entleert der Schauermann, auch „Plankenmann" genannt, einen Getreidekorb, links neben ihm steht der Wäger. Der Schauermann rechts von ihm wurde abgestellt, um das Gewicht im Klappkasten auszugleichen. ▸

Die schwimmenden Getreideheber muss man sich als auf Pontons montierte Gerüstkonstruktionen mit mehreren Stockwerken vorstellen, auf denen die pneumatischen Förder- und Wiegeanlagen untergebracht waren. Die Anlagen wurden von Dampfmaschinen betrieben. Als das Getreide-Ladungsaufkommen in den 1960er-Jahren erneut einen Höhepunkt erreichte, wurden zwei Getreideheber völlig umgebaut und auf Dieselbetrieb umgerüstet. Mitte der 1960er-Jahre übernahm die GHG zwei Neukonstruktionen: Mit einer Saugleistung von ca. 400 Tonnen Getreide pro Stunde waren sie die leistungsfähigsten Getreideheber im Hafen.

Die Stammmannschaft eines Getreidehebers bestand aus dem Schiffer, dem Bestmann, einem Maschinisten und den Rohrleuten. Auf den dampfbetriebenen gab es zusätzlich noch einen Heizer. Als Fremdpersonal kamen die Kornumstecher, der Wäger und die Kontrolleure an Bord. Heute gibt es keine schwimmenden Getreideheber mehr im Hamburger Hafen. Große Bulkcarrier machen jetzt an den Kaianlagen der Silos fest, um dort ihre Ladung zu löschen. Der letzte Getreideheber der GHG lag jahrelang im Kuhwerder Hafen am Getreidelager Grevenhof und endete schließlich bei einem Abwrackbetrieb in Moorburg unter dem Schneidbrenner. Im Nachhinein hat man es dann allerdings bedauert, ihn nicht als technisches Denkmal für Hamburg erhalten zu haben.

Die Altonaer Elbspeicher von Hauschildt. An der Wasserseite sieht man schwimmende Getreideheber mit Becherwerken, um 1910.

Funktionsweise eines Getreidehebers: Die Luftpumpen M erzeugen durch Unterdruck im Rezipienten R einen Luftstrom, der durch Düsen D das lose im Seeschiff liegende Getreide in die Saugrohre S hochreißt. Im Rezipienten trennt sich das schwere Getreide von der Saugluft; es gelangt durch die Luftschleuse L über die Waage W nach genauer Verwiegung durch Verladerohre V in Binnenschiffe, Küstenmotorschiffe oder auch Schuten, mit denen die Weiterbeförderung erfolgt.

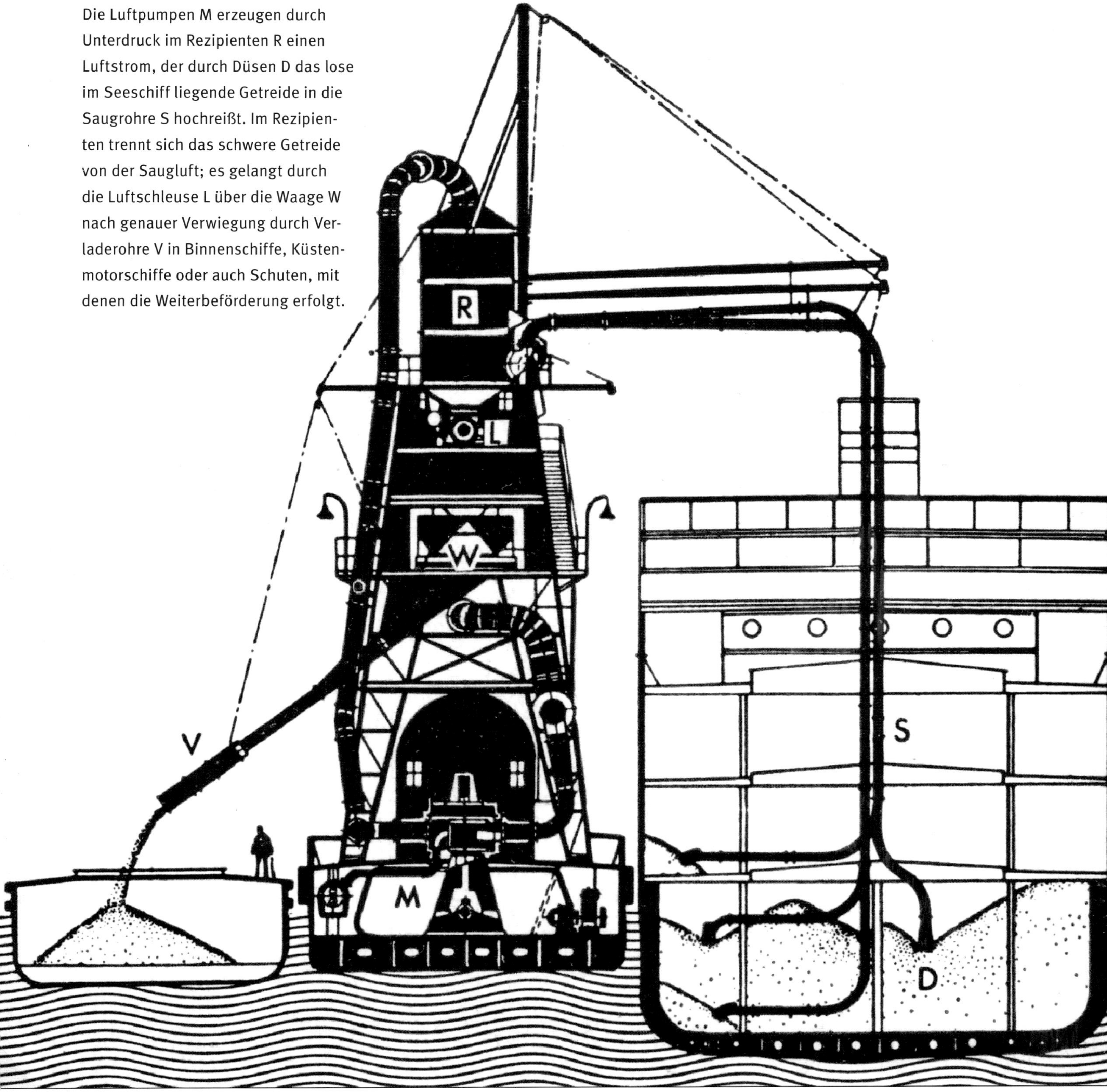

HINNE
58
25

Zwei Generationen von Hebern: der dampfbetriebene „N“ und der Motorheber „Hinnerk“ Ende der 1970er-Jahre im Kaiser-Wilhelm-Hafen.

Der Getreideheber „Bille“ während des Verholens durch den Schlepper „Hai“ auf der Norderelbe. Beide gehörten dem Schiffahrts- und Speditionskontor Elbe GmbH. Im Hintergrund ist der alte, zur Wasserseite offene Schuppen 30 auf dem Kirchenpauerkai zu sehen.

Beladen einer Schute unter dem Schüttrohr eines Getreidehebers, um 1970.

Ein Ewerführer beim Trimmen der Getreideladung einer Schute. Nach dem Beladen wurde angedeckt (die Luke geschlossen), um die Ladung vor Feuchtigkeit zu schützen, um 1970.

Um an den Umschlagplätzen auch von Land aus arbeiten zu können, wurden Krane aufgestellt. Der erste urkundlich erwähnte Kran stand 1291 am alten Alsterhafen, zwischen Trost- und Zollenbrücke. Männer in einem Laufrad setzten die Hebevorrichtung des hölzernen Kranes in Bewegung, die bis zu fünf Tonnen heben konnte. Damit ein Schwenkbereich von 360° erreicht werden konnte, stand der Kran auf einem Drehkranz. Der Kran wurde 1676 durch Feuer zerstört und wieder aufgebaut, letztendlich fiel er dem Hamburger Brand am 5. Mai 1842 zum Opfer.

Mitte des 19. Jahrhunderts, mit der Entwicklung der Dampfschifffahrt, begann man mit dem Hafenausbau und schaffte mechanische Umschlaggeräte an. Das erste Hafenbecken – der Sandtorhafen mit dem Sandtorkai und den Schuppen 1 bis 7 – begann seinen Lösch- und Ladebetrieb 1866 und war bis 1875 vollständig ausgebaut. Für die Anlage hatte man sich zunächst für Handkrane entschieden, die auf Schienen parallel zum Kai liefen. Sie waren für 1,5 bis 2,5 Tonnen Last ausgerichtet. Gleichzeitig informierten sich die Verantwortlichen im In- und Ausland nach den technischen Weiterentwicklungen im Kranbau. Letztlich entschied man sich für den sogenannten Brown'schen Dampfrollkran von Brown, Wilson & Co. aus London, der auf der wasserseitigen Kaistraße auf Gleisen bewegt wurde. Über Jahrzehnte hinweg prägte dieser Kran das Bild des Hafens, denn insgesamt wurden mehr als 300 Krane dieses Typs aufgestellt. Sie verfügten über eine Tragfähigkeit von 1,5 bis 2,5 Tonnen bei einer Auslage von 6,8 Metern und viele standen bis zu 50 Jahre in Dienst. Der letzte dieser Krane (Baujahr 1889) wurde im Zweiten Weltkrieg bei einem Bombenangriff zerstört. Da der drei Meter breite Rollstreifen den Verkehr auf dem Kai zu stark behinderte und man die Einzelheizung der Kessel als unwirtschaftlich erkannt hatte, wurden ab den 1890er-Jahren keine Rollkrane mehr angeschafft.

Hamburg am 5. Mai 1842: Der hölzerne Kran am Alsterhafen wird durch den Großen Brand zerstört. An der Kaimauer liegen drei Handdruckspritzschuten, mit denen die „Wittkittel" (Feuerwehrleute) den erfolglosen Versuch unternahmen, das Übergreifen des Feuers auf das Commerzium, die Börse und den Kran zu verhindern.

Geschäftiges Treiben in einem Fleet um 1900. Rechts sieht man zwei überdachte Haspelwinden, mit denen bereits im Mittelalter gearbeitet wurde. Die letzte wurde 1903 am Nikolaifleet abgebrochen.

Blick vom Kehrwieder auf den Cremon. Links erkennt man die Hohe Brücke, rechts den hölzernen Kran aus dem Jahr 1567 an der nach ihm benannten Straße Beim neuen Kran – „neu“ im Vergleich zum alten Kran am Alsterhafen. 1858 wurde der hölzerne Kran durch einen eisernen ersetzt. Er wurde mit Muskelkraft betrieben und konnte bis zu 15 Tonnen heben. 1896 wurde er elektrifiziert und 1974 stillgelegt – nach 116 Dienstjahren. 1986 renoviert, steht er heute als technisches Denkmal am Binnenhafen.

Über den Geländern der Kaimauer hängen geteerte Persenninge der Ewerführereien zum Trocknen. Am 31. August 1858 sah sich die Polizei gezwungen, diesem Treiben ein Ende zu setzen und veranlasste ein „Verbot wider das Aufhängen von Persenningen auf den Brücken und Brückengeländern“.

◂ Ein eiserner Handkran an der neuen Waage, 1884.

▲

Mit der Eröffnung des Grasbrookhafens wurde auch ein 800-Zentner-Kran mit Handkurbelbetrieb am Dalmannkai in Betrieb genommen. Er wurde für die Verladung von Schwergütern eingesetzt.

Der Standardtyp eines Brown'schen Dampfkranes mit Einzelheizung. Auf dem Sandtorkai, um 1880.

Umschlagbetrieb am Sandtorkai, dem damals modernsten Hafenbecken, um 1880.

Das Bild zeigt die wasserseitig offenen Kaischuppen mit Laderampe, die Kaistraße mit Gleisen und den Rollstreifen für die Krane am Sandtorkai. Hier war zu wenig Platz für Eisenbahn und Fuhrwerke. Die Lösung: Krane auf Halbportalgerüsten.
▼

Rauchen
verboten.

Am Stahmerkai, dem ehemaligen Stettiner Ufer, setzen Halbportalkrane und Laufkatzen Hieven, Sackgut und Baumwollballen eines Frachters auf der Rampe des Schuppens ab. Für den Weitertransport in den Schuppen sind Kaiarbeiter mit Sackkarren verantwortlich, Anfang der 1930er-Jahre.

Kaiarbeiter mit ihren Sackkarren, im Hafenjargon „Brustklammern“ genannt. Der Mann rechts – mit Hut – ist wahrscheinlich der Tallymann. Der Mann im Hintergrund mit der Goldlitze an der Mütze ist der Lademeister.

Kaffeeverladung.

Ein Beamter des Eichamtes prüft mit seinen Mitarbeitern die Kranwaage. ►

Ein Kaiarbeiter gibt das Handzeichen für den Kranführer, Meister genannt, damit er die Hieve anheben kann, um 1960.

Auf dem Asiakai im Segelschiffhafen, der 1890 fertiggestellt wurde, erhielten die Dampfkrane ein hohes Halbportalgerüst, wodurch der Verkehr auf der Kaistraße besser fließen konnte. Darüber hinaus verfügten die Krane jetzt über eine zentrale Kesselanlage mit beweglicher, isolierter Dampfleitung, über die sie versorgt wurden.

Der Versuch, Krane mit wasserhydraulischem Antrieb auf den Kaianlagen zu installieren, scheiterte an den klimatischen Verhältnissen. Die Ausnahme bildete der 1888 in Dienst gestellte Sammelschuppen am Magdeburger Kai, der ab 1928 elektrifiziert wurde. In der Speicherstadt jedoch bewährte sich der hydraulische Antrieb der Winden, da das System in den Speichern vor Minusgraden geschützt war. Bis zum Ende des Zweiten Weltkrieges arbeitete man mit dieser Technik, um dann im Zuge der Beseitigung der Bombenschäden die Anlagen gegen elektrische Windensysteme auszutauschen.

Verladearbeiten in den 1960er-Jahren. ► Mit VW-Ladegeschirr an einer Laufkatze schwebend wird ein VW Käfer an den Stoßstangenhalterungen angeschlagen und auf einen Frachter verladen, der den Wagen nach Südamerika bringt.

Vorsicht!

Nr. 14/1927 Sonnabend, den 2. April

Hamburger Anzeiger

vereinigt mit „Neue Hamburger Zeitung“

Illustrierte Wochenbeilage in Kupfertiefdruck

Zum 50jährigen Jubiläum der Werft von Blohm & Voß

Großer Kran von 250 Tonnen Tragfähigkeit

Herausnehmen eines 76 Tonnen wiegenden Kessels aus dem Reichspostdampfer „Bürgermeister“ der deutschen Ost-Afrika-Linie über den Turbinen-Schnelldampfer „Bismarck“ hinweg (8. Juli 1914)

Ein 76 Tonnen schwerer Kessel wird am 8. Juli 1914 aus dem Reichspostdampfer „Bürgermeister“ der deutschen Ost-Afrika-Linie über den Turbinen-Schnelldampfer „Bismarck“ hinweg herausgehoben.

Und zwischendurch wieder eine wohlverdiente Pause: Fofftein! Im Hintergrund erkennt man die „Passat“, um 1950. ▶

PASSAT

Der 50-Tonnen-Dampfkran auf dem Baakenhöft am Petersenkai bei der Verladung eines Lokomotivkessels auf den spanischen Frachtdampfer „Bazan“.

Das Amt für Strom und Hafenbau hatte sich bereits im Juli 1890 an die AEG und das Eisenwerk Nagel & Kaemp gewandt (die spätere Kampnagel AG/Hamburg) und um einen Kostenvoranschlag für einen elektrisch betriebenen Halbportalkran gebeten. 1891 wurden die ersten Versuche mit elektrischen Kranen am Petersenkai, Schuppen 26 bis 29, durchgeführt. 1897 bestellte man eine Serie von 58 elektrischen Kaikranen.

Um schwere Lasten wie Maschinen, Lokomotiven, Kessel und sonstiges Schwergut verladen zu können, baute man Schwerlastkrane, die auf den Freiflächen der Kaihöfte aufgestellt wurden. Anfangs waren auch dies Dampfkrane, die später von elektrischen Schwergutkranen abgelöst wurden. Der 1887 gebaute und bis 1900 größte Dampfkran der Welt – mit 150 Tonnen Tragkraft – stand auf dem Kranhöft und wurde 1937 abgebrochen. Der Nachteil dieser ortsfesten

Ein Dampfkran der HAPAG bei der Schwergutverladung auf einen Frachter. Der Decksmann am Verholspill hievt einen Festmacherdraht durch, während der zweite Decksmann und der Stauer an Deck des Frachters den am Kranhaken hängenden Kolli an Fangleinen halten, damit beim Absetzen keine unkontrollierten Drehbewegungen entstehen, um 1970.

Der Oderhafen in den 1950er-Jahren. Die Frachtschiffe am Kai schlagen mit bordeigenem Ladegeschirr Ladung in Hafenfahrzeuge um. An den Mitteldalben des Hafens löscht ein

Getreidedampfer seine Ladung mit Hebern der GHG. Im Vordergrund der Schuppen 82 mit der zwei- und dreifachen Kranausrüstung.

Krane war, dass alle Schiffe, die Schwergut laden wollten, auch wenn es nur ein Kolli war, unter großem Zeitverlust und mit erheblichen Mehrkosten zu den landfesten Schwergutkranen verholt werden mussten. Bei Schwergutkollis über 150 Tonnen waren die Werft Blohm & Voss mit ihrem 250-Tonnen- oder die Vulcan-Werft mit ihrem 200-Tonnen-Werftkran gefragt. Bei den Großwerften war es jedoch immer wieder schwierig, Kaiplätze zum Verladen frei zu machen, da sie oft von Neubauten oder Reparaturschiffen belegt waren.

Zu Beginn des 20. Jahrhunderts sah man im Hamburger Hafen die ersten Schwimmkrane ohne eigenen Antrieb. Die Hamburg-Amerika-Linie orderte bei der Duisburger Maschinenfabrik 1902 einen dampfbetriebenen Schwimmkran. Er war 30 Meter lang, 14 Meter breit und wies eine Seitenhöhe von 2,7 Metern auf. In der Vermessung mit 380 Bruttoregistertonnen angegeben, hatte er eine Tragfähigkeit von 512 Tonnen und eine Hebekraft von 30 Tonnen. Er wurde unter dem Namen „Schwimmkran I" in Dienst gestellt. 1912 bestellte die Reederei einen weiteren, kleineren Schwimmkran: „Schwimmkran II" (Länge: 30 Meter, Breite: 13 Meter, Seitenhöhe: 2,2 Meter, 290 Bruttoregistertonnen, Tragfähigkeit: 360 Tonnen, Hebekraft: 15 Tonnen). Waren die Krane im HAPAG-Betrieb nicht ausgelastet, wurden sie an andere Hafenbetriebe ausgeliehen. „Schwimmkran II" wurde Anfang der 1970er-Jahre auf dieselelektrischen Betrieb umgebaut und 1975 von der Unikai Hafenbetrieb GmbH Hamburg übernommen.

„Schwimmkran I" der HAPAG in der Einfahrt zum Kaiser-Wilhelm-Hafen. Der Kopfschlepper zieht den Schleppzug in das enge Hafenbecken, während der Schleppdampfer achtern auf dem Beistopper das Ausscheren des Kranes verhindert.

Der Schwimmkran „HHLA I“ beim Verladen von Schwergut im winterlichen Sandtorhafen am Schuppen 2/3 Anfang der 1930er-Jahre.

Der Vulcan-Werft Hamburg gehörten zwei Dampfschwimmkrane. Der eine mit 50 Tonnen Tragkraft, 10,5 Meter Auslage auf einem Ponton von 27 Metern Länge und 22 Metern Breite, der andere mit einem A-Bock für eine Tragkraft von 100 Tonnen. Die Vulcan-Werft war 1851 in Bredow bei Stettin als Schiffsreparaturwerkstatt Fürchtenicht & Brock gegründet worden. Zwischen 1897 und 1907 entstanden fünf Schnelldampfer des Typs „Kaiser Wilhelm der Große“ mit über 14.000 Bruttoregistertonnen. Da weder die Hellinge noch die Oder eine nennenswerte Steigerung des Schiffbaus zuließen, war die Werft gezwungen, sich nach einem neuen Schiffsbauplatz umzusehen. 1905 entschied sich die Geschäftsführung für Hamburg, 1909 war die offizielle Betriebseröffnung. Als 1911 auch die Zentralverwaltung nach Hamburg verlegt wurde, wurden die Werke in Vulcan-Werft Hamburg und Stettin AG umbenannt. Aus Letzterer wurde 1929 die Howaldtswerke AG Hamburg.

„HHLA III" bei Arbeiten im Kuhwerder Hafen am Grevenhofkai mit einem Portalkran am Haken in den 1970er-Jahren.

„HHLA III“ bei der Verladung von Dampflokomotiven nach Übersee, um 1960.

Um die Schwergutverladung zu verbessern, orderte das Amt für Strom- und Hafenbau bei der Deutschen Werft AG in Zusammenarbeit mit der Kampnagel AG 1928 zwei selbst fahrende Schwimmkrane. Sie waren 26,4 Meter lang, 15,2 Meter breit und hatten einen Tiefgang von 1,6 Metern. Die beiden Linke-Hoffmann-Busch-Dieselmotoren mit je 120 PS erlaubten eine Fahrtgeschwindigkeit von 15 Kilometern in der Stunde. Die Hebekraft der Dreh- und Wippkrane, zunächst für 25 Tonnen ausgelegt, wurde später auf 30 Tonnen erhöht. Als „Kran I“ und „Kran II“ gingen die beiden in Fahrt. Im Besitz der HHLA wurden sie in „HHLA I“ und „HHLA II“ umbenannt. 44 Jahre nach ihrer Indienststellung wurden die beiden Motorenanlagen durch MWM-Dieselmotoren mit jeweils 125 PS ersetzt. „HHLA I“ wurde 1984 ausgemustert, blieb jedoch als Museumskran erhalten. „HHLA II“ wurde im gleichen Jahr ausgemustert und an die Hamburger Firma Taucher Knoth verkauft.

Im März 1941 lief bei den Howaldtswerken ein selbst fahrender DEMAG-Schwimmkran mit 100 Tonnen Tragfähigkeit vom Stapel. Eigentlich für das Marinearsenal in Kiel bestimmt, blieb er kriegsbedingt in Hamburg – für den Kriegsschiffbau und die Wrackbergung. Nach dem Krieg wurde er von der britischen Militärregierung beschlagnahmt und überwiegend bei der Bergung der mehr als 3.000 Wracks im Hafen eingesetzt. 1946 gelang es dem Ersten Bürgermeister Max Brauer in Verhandlungen mit den Engländern, den Kran in Hamburg zu halten. Mit der Bezeichnung „HHLA III“ ging der Kran zu Beginn der 1960er-Jahre in Besitz der Hamburger Hafen- und Lagerhaus AG über. Der Schwimmkörper ist 50 Meter lang, 22,5 Meter breit und hat einen Tiefgang von 2,28 Metern. Drei Dieselmotore à 455 PS, auf drei Voith-Schneider-Propeller gekuppelt, garantieren eine Freifahrtgeschwindigkeit von 6,5 Knoten. Der von der DEMAG gelieferte Kran hat einen Drehkreis von 360°, der Ausleger eine Höhe von 76 Metern über der Wasserlinie. Die Tragfähigkeit beträgt 100 Tonnen bei 14 Metern Auslage und 50 Tonnen bei 32 Metern. 1985 wurde er neu motorisiert und ist bis heute im Einsatz.

Dem Wunsch der Hafenwirtschaft, die Schwergutverladung im Hamburger Hafen zu verbessern, kam das Amt für Strom- und Hafenbau nach und gab der Werft Blohm & Voss den Auftrag, einen selbst fahrenden Schwimmkran zu bauen. Am 19. April 1958 wurde er in Zusammenarbeit mit der DEMAG in Dienst gestellt. Der Schwimmkörper ist 42 Meter lang und hat eine Breite von 22 Metern bei einer Seitenhöhe von fünf Metern. Der Doppellenker-Wippkran ist mit einem um 360° drehbaren Oberteil ausgeführt. Bei Lasten von über 100 Tonnen werden zwei Hubwerke von je 100 Tonnen Tragkraft zusammengekuppelt. Der dieselelektrisch betriebene Schwimmkran hat seinen Antrieb durch zwei Voith-Schneider-Propeller. Die Freifahrtgeschwindigkeit beträgt sechs Knoten. Unter der Bezeichnung „HHLA IV“ ist er bis heute im Einsatz.

◂ 15. Februar 1962: Der nach Übersee verkaufte Motorschlepper „Zyklon“ wird an Deck eines Frachters der DDG Hansa Bremen gehievt.

Gleich wird die „Zyklon“ auf vorbereiteten Pallhölzern abgesetzt und für die Reise seefest gelascht.

Der Hamburger Hafen in den 1960er- bis 1970er-Jahren. Der Kronprinzenkai mit den Schuppen 74 und 75 im Kaiser-Wilhelm-Hafen ist mit Stückgutfrachtern belegt und mit Schuten und Küstenmotorschiffen beim Außenbordumschlag.

Der Schwimmkran „HHLA IV“ verlädt im Kaiser-Wilhelm-Hafen Schwergut: das Küstenmotorschiff „Stella Maris“.

Der gesunkene 350-Tonnen-Kran im Baakenhafen.
Auf dem Fersmannkai ist eine abgesetzte
U-Boot-Sektion zu sehen, 1944.

Die „John Beckedorf“ im Jahr 1951 während der Bergung des Fahrgastschiffes „Heimat“ im Grasbrookhafen. Das Schiff war am Hübener Kai leck geworden und gesunken.

Im Jahr 1941 bestellte die Kriegsmarine einen Schwimmkran. Die DEMAG baute den eigentlichen Kran, die Deutsche Werft Finkenwerder den Schwimmkörper mit 65,5 Metern Länge, 33 Metern Breite und einer Seitenhöhe von 5,2 Metern. Die Dieselmotoren kamen von MWM, die elektrische Anlage von Siemens. Der selbst fahrende Schwimmkran hatte bei einer Gesamthöhe von 110 Metern einen 80 Meter hohen Ausleger. Bei einer Ausladung von 18 Metern betrug die Tragkraft 350 Tonnen. Der Antrieb der Voith-Schneider-Propeller, der Kranbewegung und der Hilfsmaschinen war elektrisch. Drei 8-Zylinder-Dieselmotoren à 730 PSe, gekuppelt auf Drehstromgeneratoren, sorgten für die Energie, einschließlich der Fahrmotoren für die Propeller (Flügelkreisdurchmesser 2,6 Meter), die eine Geschwindigkeit von 6,5 Knoten ermöglichten. Während des Krieges war der Kran für die Hamburger Hafen Lagerhaus-Gesellschaft bei Schwergutarbeiten und in der Wrackbergung eingesetzt. 1944 sank der Kran nach einem Luftangriff am Schuppen 22 im Baakenhafen. Der auf ebenen Grund gesunkene, aber nahezu unversehrte Kran wurde auf Befehl der Militärregierung am 27. März 1949 gesprengt und verschrottet, nachdem man ihn erfolglos der UdSSR angeboten hatte.

Insgesamt wurden von 1941 bis 1943 vier Schwimmkrane dieses Typs in Auftrag gegeben, drei für Deutschland und einer für die UdSSR. Einer der Krane existiert noch heute: Die USA erhielten nach Ende des Zweiten Weltkriegs einen

Der Schiffsführer an der Auslegerwinde auf dem Dampfwindendeck des Schwimmkrans „John Beckedorf“.

Alltag während einer Bergung: Das Bild zeigt Anschlagsarbeiten von einem Arbeitsboot des Bergungskranes „Mangnus" aus in den 1970er-Jahren.

Kran, der bei der Navy unter der Bezeichnung YD-171 lief und unter dem Namen „Herman the German" bekannt war. Bis 1998 war er im US-Navy-Hafen Long Beach in Kalifornien im Einsatz und wurde nach Schließung der Werft nach Panama verkauft. Seither ist er im Panamakanal im Einsatz.

Für eine Bergung wurden und werden sogenannte Bockkrane eingesetzt. Einer der ersten dieser Bauart war die „John Beckedorf", die sowohl bei Bergungen als auch beim Verladen von Schwergütern über 100 Tonnen eingesetzt wurde. Der Rumpf bestand aus zwei starr miteinander verbundenen Baggereidampfprähmen, die mit einer beweglichen Ausladung ausgerüstet waren, einem sogenannten A-Bock. Die Rümpfe wurden 1901 auf der Werft Jos. L. Meyer in Papenburg für die Königliche Wasserbauinspektion Emden gebaut. Nach dem Umbau zum Schwimmkran verfügte die „John Beckedorf" über 200 Tonnen Hebekraft, 446 Brutto- und 411 Nettoregistertonnen, war 41,41 Meter lang, 17 Meter breit und hatte 2,52 Meter Tiefgang. Der dampfbetriebene Schwimmkran ging als „Wotan" für die Wasserbaufirma Heinrich Hirdes in Duisburg in Fahrt. 1951 wurde der Kran von der Firma Taucher Beckedorf in Hamburg gekauft und umbenannt.

Die Bergung des Kühlmotorschiffes „Brunswick". Nach der Ausdockung bei den Howaldtswerken am 18. Juni 1964 legte sich das Schiff aufgrund ungenügenden Trimmens auf die Seite und sank im Vulcan-Hafen. An der Bergung, die am 14. August beendet war, waren (von links) der Bergungskran „Mangnus" der Harms Bergung mit 400 Tonnen Hebekraft, die „Ausdauer" der Bugsier Reederei- und Bergungsgesellschaft mit 2.500 Tonnen Hebekraft und die Bergungskrane „Christian Beckedorf" mit 100 Tonnen Hebekraft sowie „John Beckedorf" mit 200 Tonnen Hebekraft beteiligt.

Der Liegeplatz der Assistenzschlepper an der alten Fähre IV unterhalb der St.-Pauli-Landungsbrücken in den 1950er-Jahren.

Bildnachweis

Andreas Westphalen, Hamburg: S. 14;
Gerhard Germin, Hamburg: S. 16 unten, Vorsatz, 24 unten;
Johann Oelkers, Hamburg: S. 17, 39;
Museum für Hamburgische Geschichte: S. 18, 54, 56, 57, 94 oben, 123;
Johann Hamann, Hamburg: S. 22 oben;
K. Heinrich Altstaedt, Hamburg: S. 23;
Deutsches Schiffahrtsmuseum, Bremerhaven: S. 37;
Arnold Kludas, Grünendeich: S. 17, 38;
Rolf Wedeking, Hamburg: S. 50;
Hamburger Anzeiger: S. 52 oben, 59, 61, 62;
Franz Schmidt und Otto Kofahl, Hamburg: S. 83, 98;
G. Koppmann & Co., Hamburg: S. 85;
Pidder Holler, Seester: S. 86;
Hamburger Hafen- und Lagerhaus AG, Hamburg: S. 96, 109 unten;
Strom- und Hafenbau, Hamburg: S. 120, 124;
Landesbildstelle, Hamburg: S. 125;
Walter Lüden, DSM, Wilhelmshaven: S. 128, 129, 135.

Alle übrigen Fotografien entstammen der Sammlung Harry Braun und Klaus Rahn.

Quellenverzeichnis

100 Jahre Verein Hamburgischer Quartiersleute von 1886 e. V., Vereinsschrift, Hamburg 1996.
150 Jahre Lütgens & Reimers. 1837–1987, Firmenschrift, Hamburg 1987.
75 Jahre Oelkers-Werft. 1876–1951, Firmenschrift, Hamburg 1951.
75 Jahre Schiffswerft Pohl & Jozwiak, Firmenschrift, Hamburg 1975.
750 Jahre Hamburger Hafen, Hamburger Freihafen-Lagerhaus-Gesellschaft, Hamburg 1939.
775 Jahre Hamburger Hafen, Sondernummer des Transport-Dienst Verlader- und Verkehrsfachblatt, Schiffahrtsverlag „Hansa", Hamburg 1964.
K. Heinrich Altstaedt: Quartiersmann in der Hamburger Speicherstadt, Köhlers Verlagsgesellschaft mbH, Hamburg 2003.
H. Aumund: Hebe- und Förderanlagen, 4. Aufl., Springer-Verlag, Berlin/Göttingen/Heidelberg 1958.
Baubehörde Strom und Hafenbau: Der Hafen von Hamburg 1929, Firmenschrift, Hamburg.
Horst Beckershaus: Die Hamburger Straßennamen, Ernst Kabel Verlag, Hamburg 1997.
Behn/Elsner/Loop/Luth/Schwanke: Die Hafenfähren und ihre Zubringer, Verein Verkehrsamateure und Museumsbahnen e. V., Hamburg o. J. (ca. 1985).
Wolfgang Bickhardt: Schwimmkräne – Giganten der Seehäfen, DVD, Selbstverlag Wolfgang Bickhardt, Bremerhaven 2003.
Harry Braun/Klaus Rahn: Schlepper und Barkassen, Verlag Die Hanse, Hamburg 2003.
Friedrich Böer: Der Hafen, Broschek Verlag, Hamburg 1956.
Friedrich Böer/G. H. Teetzmann/C. E. Wiesendorf, HFLG: Der Hamburger Hafen, anlässlich des 50-jährigen Bestehens des Freihafens Hamburg am 15. Oktober 1938, Selbstverlag, Hamburg 1938.
J. F. Bubendey/C. Lorenzen: Der Hamburger Hafen und die Regulierung der Unterelbe, Verlag und Druck der Hamburger Börsenhalle GmbH, Hamburg 1913.
Bugsier-, Reederei- und Bergungs-AG/Nordischer Bergungs-Verein, Firmenschrift, Hamburg 1924.
Einhundert Jahre Beckedorf Gebr., Firmenschrift, Hamburg 1951.
Grobecker, Kurt: Hafen Hamburg – Skizzenblätter der Nachkriegsgeschichte, Koehlers Verlagsgesellschaft mbH, Herford 1985.
Hamburgs Vergangenheit und Gegenwart, Lieferung 15, Wendt & Co., Hamburg o.J.
Jan Heitmann: Hamburgs Hafen in der „Stunde Null", Elbe-Spree-Verlag e. K., Hamburg 2006.
Arnold Kludas/Harry Braun: Auf Hamburgs Wasserstraßen, Ernst Kabel Verlag, Hamburg 1997.
K. Heinrich Altstaedt: Schauermann im Hamburger Hafen, Koehlers Verlagsgesellschaft mbH, Hamburg 1999.
Arnold Kludas/Dieter Maass/Susanne Sabisch: Hafen Hamburg, Ernst Kabel Verlag, Hamburg 1988.
Franklin Kopitzsch/Daniel Tilgner: Hamburg Lexikon, Zeise Verlag, Hamburg 1998.
Hans Kuhn/Ulrich Pretzel: Hamburgisches Wörterbuch, Karl Wachholz Verlag, Neumünster 1956–2006.
Erich Lehe/Heinz Ramm/Dietrich Kausche: Heimatchronik der Freien und Hansestadt Hamburg, Archiv für Deutsche Heimatpflege GmbH, Köln 1967.
Merian Monatsheft Hamburg, 14. Jahrg., Heft 9, Hoffmann und Campe Verlag, Hamburg 1961.
Maria Möring/Gisela Kühn: Der Hamburger Ewerführer im Wandel der Zeiten, Verlag Hanseatischer Merkur, Hamburg 1965.
Schlieker Werft Hamburg, Firmenschrift, Hamburg 1959.
Wilhelm Chr. K. Stammer: Hamburgs Werften. 1635–1993, Selbstverlag, Hamburg 1994.
Hans J. Teuteberg: Die Entstehung des modernen Hamburger Hafens (1866–1896). Vortrag am 4. März 1970 vor dem Verein für Hamburgische Geschichte, Zeitschrift „Tradition", Heft 5–6, Hamburg 1972.
G. L. Wendemuth/W. Böttcher: Der Hafen von Hamburg, Meissner & Christiansen, Hamburg 1928.
Hans Jürgen Witthöft: Tradition und Fortschritt – 125 Jahre Blohm & Voss, Koehlers Verlagsgesellschaft mbH, Hamburg 2002.

Buchhinweise

HafenCity & Speicherstadt
Ein fotografischer Streifzug
Michael Pasdzior und Dorothée Engel
10,00 €
ISBN: 978-3-95400-159-0

Kräne im Hamburger Hafen
Stählerne Giganten
Harry Braun
24,99 €
ISBN: 978-3-95400-363-1

Im Hamburger Hafen
Die Anfänge im 17. bis 19. Jahrhundert
Harry Braun
14,95 €
ISBN: 978-3-95400-104-0

Weitere Bücher aus Ihrer Region finden Sie unter:
www.suttonverlag.de

Ein Blick auf die Wiege des Hamburger Hafens mit dem Nikolaifleet, dem Binnen- und dem Niederhafen, aufgenommen am 22. März 1960.